Hans Herbert Keuth / Zur Logik der Normen

Schriften zur Rechtstheorie

Heft 27

Zur Logik der Normen

Von

Dr. Hans Herbert Keuth

DUNCKER & HUMBLOT / BERLIN

ISBN 3 428 02693 4

Ein Bild hielt uns gefangen. Und heraus konnten wir nicht, denn es lag in unsrer Sprache, und sie schien es uns nur unerbittlich zu wiederholen.

Wittgenstein,
Philosophische Untersuchungen, 115.

Diese Arbeit wurde im Oktober 1969
der Universität Mannheim als Dissertation vorgelegt.

Inhaltsverzeichnis

1. Einleitung

In der Rechtswissenschaft werden unter den Titeln „Imperativentheorie" und „das Wesen subjektiver Rechte (der Verträge, des Staates usw.)" Probleme von hoher praktischer Relevanz diskutiert, wie etwa das Ausmaß der Bindung des Richters an das Gesetz und der Einfluß der hinter einem Rechtsinstitut stehenden Ideen auf die Auslegung konkreter Normen. Weit davon entfernt, nur sprachliche Probleme zum Gegenstand zu haben, leiden die Diskussionen doch unter mangelnder Trennung sprachlicher und sachlicher Probleme und erheblicher Verwirrung im sprachlichen Bereich[1].

Die Bereinigung der sprachlichen Probleme erlaubt, die verbleibenden sachlichen klarer zu erkennen und besser oder vielleicht auch überhaupt erst zu lösen. Die Lösung der sachlichen Probleme wird dadurch aber keineswegs vorweggenommen. Sicher hängt schon die Möglichkeit, ein Problem zu formulieren und sich seiner bewußt zu werden, von den Eigenschaften der Sprache ab, deren man sich dabei bedient. Aber indem man die Eigenschaften dieser Sprache untersucht, engt man die Möglichkeiten der Lösung nichtsprachlicher Probleme in keinem Fall ein und a fortiori nicht so weit, daß etwa nur eine Lösung übrig bliebe. Die Untersuchung der Sprache kann im Gegenteil ergeben, daß sie aus angebbaren Gründen zur Lösung einer bestimmten Aufgabe nicht geeignet ist. Die Entwicklung einer geeigneten Sprache, die u. U. nur geringfügige Änderungen an einer vorhandenen Sprache erfordert, kann eine neue und relativ zu irgendwelchen als gegeben unterstellten Zielen zweckmäßigere Problemformulierung ermöglichen und dadurch die Zahl der Handlungsalternativen, unter denen man wählen kann, sogar vergrößern.

In dieser Arbeit geht es darum, zwei Aussagen über vergleichsweise bedeutsame Eigenschaften von Rechtsnormen[2] zu prüfen. Die eine be-

---

[1] Einen ersten Überblick geben die Aufsätze von Scheuerle und Tammelo. *Scheuerle:* Das Wesen des Wesens. Studien über das sogenannte Wesensargument im juristischen Begründen.In: Archiv für die civilistische Praxis, 163, 1964, p. 429 - 471. *Tammelo.* Ilmar: Contemporary Developments of the Imperative Theory of Law: a Survey and Appraisal. In: Archiv für Rechts- und Sozialphilosophie (ARSP) XLIX, 1963, p. 255 - 277. Weiter gehende Beiträge finden sich in: *Engisch,* Karl: Einführung in das juristische Denken, 2. Aufl., Stuttgart 1959. *Kelsen,* Hans: Reine Rechtslehre, 2. Aufl. Wien 1960. *Larenz,* Karl: Methodenlehre der Rechtswissenschaft, Berlin, Göttingen, Heidelberg 1960. *Ross,* Alf: On Law and Justice, Berkeley & Los Angeles 1959.

[2] „Rechtsnorm" und „Rechtssatz" werden in dieser Arbeit synonym gebraucht.

hauptet, daß alle Rechtsnormen sich als an Richter adressierte Imperative formulieren lassen, die andere, daß alle Komplexe unvollständiger Rechtsnormen[3] (z. B. die Normen des Eigentumsrechts), in denen Terme vorkommen, die sich auf subjektive Rechte, Verträge, den Staat usw. beziehen, durch andere mit völlig gleicher Bedeutung, in denen aber weder diese Terme, noch Substitute dafür vorkommen, ersetzt werden können. Die Prüfung der Aussagen besteht in der Reformulierung repräsentativer Beispiele aller wichtigen Typen von Rechtsnormen in Gestalt von an Richter adressierten Imperativen. Die Linguistik hat bisher zu keiner natürlichen Sprache eine vollständige logische Grammatik liefern können. Deshalb gibt es für Umformulierungen oder Übersetzungen, in denen mindestens ein Satz einer natürlichen Sprache vorkommt, keinen Beweis der Richtigkeit. Man kann nur prüfen, ob man die Implikate eines Satzes auch als die seiner Übersetzung und umgekehrt die der Übersetzung als die des Satzes, von dem man ausging, akzeptieren kann. So läßt sich die Übersetzung einer Rechtsnorm prüfen, indem man feststellt, ob die Rechtsnorm und ihre Übersetzung die gleichen richterlichen Entscheidungen vorschreiben. Ist das der Fall, so kann man gegen die Übersetzung nichts einwenden und muß deshalb die Aussage akzeptieren, die Norm lasse sich in der betreffenden Form — hier als Imperativ — reformulieren.

Es ist nicht möglich, jeden einzelnen Satz eines Gesetzes in einen anderen zu übersetzen, auf den die beiden hier zu prüfenden Aussagen zutreffen. Ein solcher Satz ist vielmehr die Übersetzung eines ganzen Komplexes von Sätzen aus mehreren Gesetzestexten. So nennt ein Rechtssatz, der alle Bedingungen des Herausgabeanspruchs gem. § 985 BGB[4] aufzählt, sowohl die verschiedensten zivilrechtlichen, als auch prozeßrechtliche Bedingungen.

Natürlich ist es nicht prinzipiell unmöglich, einen Komplex von Sätzen aus Gesetzestexten direkt in einen vollständigen Rechtssatz zu übersetzen. Es ist aber außerordentlich schwierig. Deshalb werden die Sätze der Gesetzestexte hier zunächst einzeln in eine nach den Regeln der Quantorenlogik aufgebaute künstliche Sprache übersetzt. Auch die Übersetzungen enthalten zunächst noch Terme, die sich auf subjektive Rechte usw. beziehen. (Diese Formulierung ist eine Konzession an den üblichen juristischen Sprachgebrauch. Sie wird noch eingehend zu erörtern sein.) Durch rein logische Umformungen werden diese Terme eliminiert und es entsteht ein vollständiger Rechtssatz, der die Form eines

---

[3] Vollständige Rechtssätze sind Sätze, die alle Bedingungen für das Ergehen eines Urteils nennen und das Urteil für den Fall anordnen, daß die Bedingungen erfüllt sind. Alle anderen Sätze des Gesetzes- oder Gewohnheitsrechts sind unvollständige Rechtssätze. (Terminologie dieser Arbeit)

[4] Anspruch des Eigentümers einer beweglichen Sache gegen deren Besitzer auf ihre Herausgabe.

bedingten Imperativs hat. In den Kapiteln 2, 4, 5 und 6 wird dieses Ergebnis schrittweise angestrebt. Dabei werden gelegentlich die gleichen Probleme nacheinander mit Symbolisierungen von unterschiedlicher Komplexität und damit unterschiedlicher Leistungsfähigkeit untersucht. Diese Wiederholungen schienen mir zulässig zu sein, weil sie das Verständnis der endgültigen Problemlösung erheblich erleichtern.

Man wird die beiden zu prüfenden Aussagen akzeptieren müssen, wenn die ausgewählten Sätze repräsentativ für alle Rechtssätze sind und weder die Übersetzung noch die logischen Operationen irreparable Fehler enthalten und man außerdem weder die hier angewandte Logik, auf der u. a. die Axiomatisierung der Gesamtmathematik aufgebaut werden kann[5], noch die für präskriptive Sätze hier zusätzlich eingeführten Regeln, die wegen ihres engen Anwendungsbereichs keinem Beitrag der normlogischen Literatur widersprechen, verwerfen will.

Der verbleibende Teil der Einleitung dient im wesentlichen dazu, die bisherigen Ausführungen zu präzisieren.

Bisher verfügt die Rechtswissenschaft nicht über eine allgemein akzeptierte Definition ihres zentralen Begriffs „Rechtsnorm", die es erlaubt, Rechtsnormen eindeutig zu identifizieren. Selbst die syntaktische Form der Rechtsnormen ist nicht geklärt. Zumindest nicht jeder grammatisch vollständige Satz des Gesetzes- oder Gewohnheitsrechts[6] ist ein vollständiger Rechtssatz, eine Rechtsnorm[7]. Welches sprachliche Gebilde ein vollständiger Rechtssatz ist, bestimmt sich nicht nach der Oberflächengrammatik der Sätze, sondern nach ihrer logischen Grammatik. Vollständig sind nur solche Rechtssätze, welche sich in die Form eines generellen Konditionalsatzes bringen lassen, dessen Antecedens „Tatbestand" und dessen Konsequens „Rechtsfolge" genannt wird. Die Designate der „Tatbestände", das also, worauf sie sich beziehen, werden „Sachverhalt", „Lebenssachverhalt", „Lebenstatbestand" genannt, die der „Rechtsfolgen" ebenfalls „Rechtsfolgen"[8].

Aber nicht jedes Konsequens eines Rechtssatzes, der in die Form eines Konditionalsatzes gebracht wurde, ist eine „Rechtsfolge". Das liegt nicht nur daran, daß in Konditionalsätzen mit mehreren konjunktiv verknüpf-

---

[5] *Bourbaki*, N.: Eléments de mathématique, Fascicule XVII, Théorie des ensembles, chap. 1, Description de la mathématique formelle. Paris 1966.

[6] Die Sätze des Gewohnheitsrechts werden von den Gerichten formuliert, die ihre Entscheidungen auf sie stützen. *Karl Larenz:* Methodenlehre der Rechtswissenschaft, Berlin 1960, S. 146.

[7] Siehe dazu *Larenz*, a.a.O., S. 160 ff. „Das Ineinandergreifen der Rechtssätze im Gesetz."

[8] *Larenz:* a.a.O., S. 160; *Karl Engisch:* Einführung in das juristische Denken, Stuttgart 1959, S. 18. In metasprachlicher Verwendung, also, wenn über das Konsequens eines vollständigen Rechtssatzes, nicht dessen Designatum, gesprochen wird, erhält der Terminus „Rechtsfolge" hier Anführungszeichen.

ten Antecedensbedingungen ein Teil dieser Bedingungen exportiert werden kann und sich dadurch Konditionalsätze bilden lassen, die ihrerseits einen Konditionalsatz im Konsequens enthalten. Auch Konsequentes, die sich nicht in die Form eines Konditionals kleiden lassen, sind
nicht immer „Rechtsfolgen".

Bisher gibt es keine allgemein akzeptierte Kennzeichnung der wichtigsten logischen Eigenschaften einer „Rechtsfolge". Weder ist klar, ob
sie sich nur auf Handlungen oder auch auf Vorgänge anderer Art, etwa
das Entstehen von Rechten, beziehen, noch in welcher Weise sie sich
darauf beziehen, präskriptiv, deskriptiv oder womöglich noch anders.

Aussagen wie „die Rechtsfolgen stellen sich als Rechte und Pflichten
dar"[9] täuschen einen einfachen Sachverhalt vor, denn, sofern es überhaupt sinnvoll ist, vom Inhalt von Rechten und Pflichten zu sprechen,
wird dieser erst durch die Rechtsnormen, die des Gewohnheitsrechts
eingeschlossen, bestimmt. Die logischen Eigenschaften jener Bestandteile der Rechtssätze, die „Rechtsfolgen" genannt werden, lassen sich
deshalb nicht durch den Hinweis auf ihre Designate, die Rechtsfolgen,
klären, die den Charakter von Rechten und Pflichten haben sollen.

Die Menge der von der Rechtswissenschaft als potentielle „Rechtsfolgen" in Betracht gezogenen Konsequentes ist genau begrenzt. Sie läßt
sich ebenso eindeutig in zwei erschöpfende und einander ausschließende
Teilmengen zerlegen, von denen die eine, sie sei A genannt, die Konsequentes enthält, die sich auf subjektive Rechte, Verträge, Vollmachten
und dergleichen beziehen und die andere, sie sei B genannt, jene Konsequentes, welche sich auf die Verhängung einer Strafe, die Herausgabe
einer Sache usw. beziehen.

Die überwältigende Mehrheit der Rechtswissenschaftler zählt sowohl
die Konsequentes in A als auch die in B zu den „Rechtsfolgen". Die Möglichkeit, nur die Konsequentes in A als „Rechtsfolgen" zu betrachten,
wird nicht in Erwägung gezogen. Ross[10] und Wedbergs[11] Analysen der
sprachlichen Funktion jener Terme, mit denen die Konsequentes in A
formuliert sind, zeigen, daß sie, im Gegensatz zu allen anderen prima
facie nichtlogischen Zeichen, die zur Formulierung der Rechtssätze verwendet werden, keine semantische Bedeutung zu haben brauchen. Sie
mit notwendig interpretierten Zeichen unter einem Begriff „Rechtsfolge" zusammenzufassen, wäre höchst unfruchtbar. Wedberg äußert

---

[9] *Englisch:* a.a.O., S. 19.
[10] *Alf Ross:* On Law and Justice, Berkeley & Los Angeles 1959, (dänische
Ausgabe 1953), insbesondere Ch. 6, The Concept of Rights. *Ders.:* Definition in
Legal Language, in: Logique et Analyse, I 1958, P. 139 - 149. *Ders.:* Tû-tû. In:
Festskrift til Henry Ussing 1951, p. 468 - 484, Scandinavian Studies in Law I:
1957, p. 137 - 153, Harvard Law Review 70: 1957/57, p. 812 - 825.
[11] *Wedberg,* Anders: Some Problems in the Logical Analysis of Legal
Science, in: Theoria XVII 1951, p. 246 - 275.

sich nicht explizit zum logischen Charakter der „Rechtsfolge". Ross' Kennzeichnung der Rechtsnormen als Direktiven an den Richter[12] schließt aber die Konsequentes in A aus dem Kreis der „Rechtsfolgen" aus. Auch Larenz sieht die Möglichkeit, nur die Konsequentes in B als „Rechtsfolgen" zu betrachten, lehnt sie aber ab[13].

Rechtsnormen lassen sich nicht generell als deskriptive Sätze kennzeichnen. Denn jedenfalls teilweise beziehen sie sich auf menschliche Handlungen. Insoweit würden sie durch jedes abweichende Verhalten widerlegt. Andererseits sind Aussagen über die Art ihrer Verabschiedung oder die relative Häufigkeit, mit der sie verletzt werden, nicht Aufgabe der Rechtsnormen selbst, sondern beschreibender Sätze, die sich auf ihre Rechtmäßigkeit oder Wirksamkeit beziehen. Rechtsnormen benötigen also keineswegs einen deskriptiven Modus, um diese Eigenschaften ggf. zu behaupten. Dem gleichen Einwand ist die Interpretation der Rechtsnormen als Imperative nicht ausgesetzt. Kein Imperativ wird durch eine Zuwiderhandlung widerlegt.

Die Konsequentes in B beziehen sich auf Handlungen. Zwar werden sie meist als auf Verpflichtungen zur Vornahme von Handlungen oder diesen Verpflichtungen entsprechende Rechte bezogen interpretiert, sie lassen sich aber zumindest ebenso gut als Imperative charakterisieren[14]. Rechtsnormen, deren Konsequentes in B enthalten sind, können deshalb als generelle konditionalisierte Imperative betrachtet werden.

Die Konsequentes in A dagegen beziehen sich nicht erkennbar auf Handlungen oder einen anzustrebenden Erfolg. Damit fehlt eine entscheidende Voraussetzung für die Kennzeichnung der entsprechenden Rechtsnormen als Imperative[15]. Die imperativische Interpretation aller Rechtssätze, „Imperativentheorie" genannt, stößt auf nahezu unüberwindliche Schwierigkeiten, wenn ihre Vertreter, wie sie das fast ausnahmslos tun, auch Rechtssätze mit Konsequentes dieser Art als vollständige Rechtssätze behandeln wollen. Um die imperativische Interpretation auch solcher Rechtssätze zu ermöglichen, wurde versucht, die Bedeutung der Terme, mit denen ihre Konsequentes formuliert sind[16], mit Hilfe von Rechtssätzen festzulegen, die sich eindeutig auf Handlungen beziehen

---

[12] „This shows that the real content of a norm of conduct is a directive to the judge." *Alf Ross:* On Law and Justice, a.a.O., p. 33.

[13] *Larenz:* Methodenlehre, a.a.O., p. 155.

[14] „Sachlich macht es keinen Unterschied, ob er (der Urheber des Rechtssatzes, H. K.) die Formulierung wählt, der Verletzer ‚sei' zum Schadensersatz verpflichtet, oder er ‚solle' Schadensersatz leisten. Der Sinn ist in beiden Fällen der gleiche: es handelt sich um die Auferlegung (und nicht nur um die Konstatierung) eines Gebotes, einer Pflicht." *Larenz:* Methodenlehre, a.a.O., S. 151, 152.

[15] S. u., S. 31.

[16] Genauer: ‚mit denen ihre Konsequentes formulierbar sind', denn in den Gesetzestexten haben die Rechtssätze fast nie die Form von Konditionalsätzen.

und sich ohne Schwierigkeiten als Imperative formulieren lassen. „So wird das Eigentum, das als der Prototyp eines subjektiven Rechts gelten kann, dadurch und nur dadurch ‚gewährt‘, daß jedermann verboten wird, den Eigentümer im Genuß der ihm gehörigen Sache zu beeinträchtigen, also ihn zu bestehlen, zu berauben, ihm den Besitz vorzuenthalten, ihm den Gebrauch zu verleiden usw., daß außerdem demjenigen, der ohne besonderen Rechtstitel eine fremde Sache besitzt, geboten wird, die Sache an den Eigentümer herauszugeben, daß vor allem auch den Justizbehörden geboten wird, auf Verlangen dem Eigentümer behilflich zu sein, die Durchsetzung jener primären Gebote und Verbote zu erreichen. Ohne alle diese Imperative wäre jede noch so ausdrückliche und feierliche Gewährung des Eigentums sinn- und substanzlos. Und gleiches gilt für alle anderen subjektiven Rechte. Unter diesem Gesichtswinkel ist also die Gewährung subjektiver Rechte im Grunde eine façon de parler für eine besonders geartete Konstellation von Imperativen[17].“

Anders Wedberg hat drei Programme formuliert, über die Bedeutung des Prädikates „x ist der Eigentümer der Sache s zur Zeit t“ etwas Genaues zu sagen. Eines davon, das zweite, könnte, wäre es durchführbar, eine präskriptive Interpretation liefern. Wegen der mit der Ausführung verbundenen praktischen Schwierigkeiten hat er aber keines in Angriff genommen[18].

Das *erste* Programm besteht darin, das Prädikat (hier mit „**HE**“ abgekürzt) durch jene Rechtsnormen zu definieren[19], die Erwerb und Verlust des Eigentums regeln. (In Kap. 5 wird u. a. dieses Programm ausgeführt.) Da aber in einem Teil der Antecedentes dieser Normen wieder „*HE*“ vorkommt, scheint ein Zirkel zu entstehen. Wedberg schlägt vor, ihn durch ein rekursives Verfahren zu beseitigen und deutet auch eines an, bei dessen Ausführung er aber noch „viele technische logische Probleme“ erwartet. Eines dieser Probleme entsteht dadurch, daß nicht nur ein Teil der Rechtssätze über Eigentumserwerb, sondern offenbar auch die über Eigentumsverlust (nach Wedbergs Ansicht nur zum Teil) „*HE*“ im Antecedens enthalten. Man kann aber den Verlust des Eigentums einer Person an einer Sache nicht, wie es allein plausibel zu sein scheint, vom vorherigen Bestand des Eigentums abhängig machen, ohne einen Regreß anzulegen, der durch kein rekursives Verfahren zu beseitigen ist und die

---

[17] *Engisch:* Einführung, a.a.O., p. 26.
[18] *Wedberg:* Logical Analysis, a.a.O., p. 261 ff.
[19] Die Idee, die Bedeutung eines Zeichens, das den Bestand von Eigentum ausdrückt, sei durch die Normen über den Erwerb von Eigentum festgelegt, findet sich schon bei David Hume: „... when a definition of property is required, that relation is found to resolve itself into any possession acquired by occupation, by prescription, by inheritance, by contract, etc.“ *Hume,* D.: An enquiry concerning the principles of morals, ed. by L. A. Selby-Bigge, 2. ed. Oxford 1946, p. 201, 202; zit. nach *Wedberg:* a.a.O., p. 267.

Festlegung der Bedeutung des Prädikates „VE", das den Eigentumsverlust ausdrückt, definitiv verhindert. Verzichtet man auf diese Bedingung, so kann man in präzisen logischen Schritten zu genau den Ergebnissen kommen, die die Rechtsprechung tatsächlich erzielt. Wie kann sie aber diese Ergebnisse erzielen, obwohl sie doch offensichtlich unterstellt, daß Eigentum nur verloren gehen kann, nachdem es bestanden hat?

„Zur Übertragung des Eigentums an einer beweglichen Sache ist erforderlich, daß der Eigentümer dem Erwerber die Sache übergibt und beide darüber einig sind, daß das Eigentum übergehen soll." (§ 929 I 1 BGB.) Durch die Übertragung verliert der Eigentümer sein Eigentum. Eigentümer ist, wer das Eigentum erworben und nach dem Erwerb nicht mehr verloren hat. (Der Eigentumserwerb wird hier mit dem Prädikat „EE" ausgedrückt.) Voraussetzung für den Verlust ist aber offenbar, daß, wer das Eigentum verliert, Eigentümer war. Eigentümer aber ist, wer das Eigentum erworben und seitdem nicht verloren hat usw. Um festzustellen, ob jemand Eigentum hat, müßte man also prüfen, ob zu einem früheren Zeitpunkt die Bedingungen des Eigentumserwerbs erfüllt waren und zwischen diesem Zeitpunkt und dem der Prüfung nicht die des Verlustes erfüllt waren. Zu diesen gehört aber (s. o.) offenbar die Bedingung, daß er Eigentümer war. Genau diese Bedingung wird aber bei Fallentscheidungen tatsächlich nicht geprüft und kann aus logischen Gründen auch gar nicht geprüft werden, denn diese Prüfung führte zu einem unendlichen Regreß.

Wenn aus Normen des Eigentumsrechts und Sachverhaltsbeschreibungen Konsequenzen abgeleitet werden und unterstellt wird, daß die Normen über Eigentumsverlust tatsächlich das Bestehen von Eigentum voraussetzen, wird bei der Ableitung ein logischer Fehler gemacht, der darin besteht, daß eine Prämisse als gegeben unterstellt wird, die nicht gegeben sein kann. Die Konklusion folgt tatsächlich nicht aus den gegebenen Prämissen. Das Ergebnis aber befriedigt ausnahmslos.

Offensichtlich funktioniert das Eigentumsrecht wie gewünscht, wenn man unterstellt, daß es Leute Eigentum verlieren läßt, die gar nicht Eigentümer waren. Und diese Unterstellung ist nicht nur zulässig, sondern für ein sinnvolles Eigentumsrecht notwendig. Denn solange man an der Behauptung festhält, nur ein Eigentümer könne Eigentum verlieren, sind die Behauptungen, jemand sei Eigentümer und jemand verliere Eigentum in dem strengen Sinne sinnlos, daß ihre Bedeutung nicht angegeben werden kann. Denn die Bedeutung des Zeichens, mit dem ausgedrückt wird, daß jemand Eigentümer ist, ist abhängig von der Bedeutung jenes Zeichens, mit dem ausgedrückt wird, jemand verliere Eigentum und umgekehrt, nur, daß hier nicht ein einfacher definitorischer Zirkel vorliegt, ein Kreis, sondern ein unendlicher wechselseitiger

Regreß, eine Spirale (wegen der in den Prädikaten vorkommenden Zeitvariablen, die in einem immer gleichbleibenden Zeitverhältnis zuein-
ander stehen, s. u. Kap. 5).

Sinnvolle Normen des Eigentumsrechts brauchen und können nicht
anordnen, daß nur Eigentümer Eigentum verlieren können. Soll man
nun etwa aus § 929 BGB die Bedingung entfernen, daß es der Eigentümer sein muß, der die Sache übergibt? Nein, denn § 929 regelt auch
den Eigentumserwerb. Entfernte man diese Bedingung, so ordnete er
entgegen der ihm zugrunde liegenden Intention den Erwerb von Eigentum aus den Händen des Nichtberechtigten. Man braucht sich nur darüber klar zu sein, daß § 929 zwei Vorschriften enthält, eine, die den
Eigentumserwerb regelt und zu deren Bedingungen das Eigentum des
Veräußerers gehört und eine, die den Eigentumsverlust regelt und zu
deren Bedingungen das Eigentum nicht gehört. Diese letztere kann
natürlich bei der Eigentumsübertragung durch Einigung und Übergabe
einzeln angewandt werden um eine Aussage abzuleiten, die den Eigentumsverlust des Veräußerers behauptet. Um aber das Eigentum des Veräußerers, die Bedingung für den Eigentumserwerb, prüfen und behaupten zu können, muß diese Vorschrift mit anderen gleichartigen zu einer
Bijunktion (einem ,wenn . . . , dann und nur dann - - - Satz') (oder einer
entsprechenden Konjunktion von Subjunktionen in beiden Richtungen)
zusammengefaßt werden, damit ausgedrückt werden kann, daß der Veräußerer sein Eigentum an der Sache nicht zwischen dem Zeitpunkt ihres
Erwerbs und dem ihrer Veräußerung wieder verloren hat. Aus einer
Bijunktion und der Negation einer ihrer Seiten kann man die Negation
ihrer anderen Seite ableiten.

Die Normen des Eigentumsrechts können zwar den Eigentumsverlust
nicht vom Bestand des Eigentums abhängig machen, es wäre aber möglich, sie so zu fassen (bzw. zu interpretieren), daß sie ihn vom Eigentumserwerb abhängig machen. Diese Bedingung ist schwächer als die, die
den Bestand des Eigentums fordert, denn die letztere verlangt zusätzlich, daß das Eigentum nicht wieder verlorengeht, was zu dem unendlichen Regreß führte. Der Eigentumserwerb wäre als Bedingung des
Eigentumsverlustes aber überflüssig, denn zur Feststellung des Eigentums wird der Eigentumserwerb ja ohnehin geprüft. Derselbe Fall von
Eigentumserwerb muß nicht zur Feststellung des eventuellen Eigentumsverlustes noch einmal geprüft werden.

Wedbergs *dritter* Vorschlag besteht darin, das Zeichen für den Bestand des Eigentums („HE") als ungedeutetes sprachliches Zeichen zu
betrachten, also weder eine Definition, noch eine sonstige Bedeutungs-
zuordnung zu versuchen, weil das der sprachlichen Funktion des Zeichens
nicht entspräche. Der gleiche Gedanke wurde von Ross ausführlicher
formuliert (s. p. 41 ff.). In Kapitel 6 dieser Arbeit wird dieser Vorschlag

von Wedberg und Ross ausgeführt. Die ausschließlich syntaktische Funktion des Zeichens *HE* wird bewiesen, indem es und auch die Zeichen *EE* und *VE* ersatzlos aus der Regelung des Eigentumsrechts eliminiert werden.

Sowohl Wedbergs erster als auch und vor allem sein dritter Vorschlag lassen sich mit der Imperativentheorie vereinbaren (s. u. Kap. 5 bzw. 6). Der *zweite* aber scheint auf den ersten Blick besonders gut mit ihr zu harmonieren. Das Prädikat „*x* ist Eigentümer der Sache *s* zur Zeit *t*" („*HE*") soll durch die Rechtsnormen definiert werden, die „*HE*" im Antecedens enthalten (die Normen über ‚Rechtsfolgen aus dem Eigentum‘ also[20]), oder genauer durch das, was von ihnen verbleibt, wenn man „*HE*" entfernt.

Wenn das möglich ist, kann „*HE*" und vielleicht auch „*EE*" eine präskriptive Interpretation erhalten. Das würde bedeuten, daß auch die Konsequentes in *A*, die u. a. „*EE*" und „*VE*", nicht aber „*HE*" enthalten, als Imperative behandelt werden können. In den folgenden Absätzen wird diese Möglichkeit mit einer unvollständigen Symbolisierung geprüft. Die Absätze sind möglicherweise erst verständlich, nachdem die Kapitel 5 und 6 dieser Arbeit gelesen sind, können aber ohne weiteres überschlagen werden, da sie nur begründen, warum die beiden anderen Ansätze und nicht dieser verfolgt werden.

Als Repräsentanten aller Rechtsnormen, die irgendeine Rechtsfolge vom Eigentum einer Person an einer Sache abhängig machen, werden § 929 und § 985 BGB grob symbolisiert. Die Zeichen „*HE*", „*EE*", „*VE*" haben die schon angegebene Bedeutung. „*Gx, y*" bedeute Einigung und Übergabe von *x* an *y*, „*By*" den Besitz des *y* und „*!Uy*" die Anweisung, gegen *y* ein bestimmtes Urteil zu fällen. (Wegen ihrer Unvollständigkeit ist die hier gegebene Symbolisierung streng genommen falsch. Sie reicht aber aus, um die hier wichtigen Eigenschaften der Rechtsnormen kenntlich zu machen. Zur genauen Symbolisierung s. u. Kap. 5.)

(1) $(x, y) (HEx . Gx, y \supset VEx . EEy)$

     :   § 929: Wenn *x* Eigentümer ist und *x* dem *y* die Sache übergibt und beide über den Übergang des Eigentums einig sind, dann verliert *x* das Eigentum und *y* erwirbt es.

(2) $(x, y) (HEx . By \supset !Uy)$

     :   § 985: Wenn *x* Eigentümer ist und *y* Besitzer, dann verurteile *y* zur Herausgabe der Sache!

---

[20] Der gleiche Gedanke wurde auch von Östen Undén vertreten. „Like a large category of juristic concepts, the notion of ownership has been framed as an expression and a comprehension of a complex of legal consequences." *Undén*, Ö.: Svensk sakrätt, I. Lös egendom (Schwedisches Sachenrecht, I. Persönliches Eigentum) Lund 1927, p. 83, Übersetzung von Wedberg: a.a.O., p. 270, 271.

Aus (1) und (2) folgen (3) bzw. (4) durch Exportation

(3) $(x, y) (HEx \supset (Gx, y \supset VEx . EEy))$

(4) $(x, y) (HEx \supset (By \supset !Uy))$

Aus (3) und (4) ist (5) ableitbar.

(5) $(x, y) (HEx \supset (Gx, y \supset VEx . EEy) . (By \supset !Uy))$

Wenn man unterstellt, daß (1) und (2) *alle* „Rechtsfolgen aus dem Eigentum" vollständig aufzählen, kann man auch den Satz (6) formulieren.

(6) $(x, y) ((Gx, y \supset VEx . EEy) \lor (By \supset !Uy) \supset HEx)$

Daraus folgt der schwächere Satz (7).

(7) $(x, y) ((Gx, y \supset VEx . EEy) . (By \supset !Uy) \supset HEx)$

Aus der Konjunktion von (5) und (7) ist (8) ableitbar. (8) kann als Definition betrachtet werden.

(8) $(x, y) (HEx \equiv (Gx, y \supset VEx . EEy) . (By \supset !Uy))$

Die Akzeptierung von (8) hat eine Konsequenz, die gemessen an den
üblichen Vorstellungen vom Eigentumsrecht äußerst unplausibel ist,
aber die Regelung konkreter Sachverhalte nicht beeinflußt. (8) ist
äquivalent (9).

(9) $(x, y) (HEx \equiv (\sim Gx, y \lor (VEx . EEy)) . (\sim By \lor !Uy))$

Da eine Disjunktion wahr ist, wenn mindestens eines ihrer Glieder
wahr ist, hat jeder, der keine der Handlungen vornimmt, die eine Bedingung der Geltendmachung von Rechtsfolgen aus dem Eigentum an
einer Sache sind, Eigentum an dieser Sache, sofern weitere Bedingungen
erfüllt sind, z. B. niemand die Sache besitzt. Auf diese Weise festgestell-
tes Eigentum kann natürlich nie irgendwelche Rechtsfolgen nach sich
ziehen, weil die Bedingungen für deren Eintritt ja nicht gegeben sein
können. In der Kodifikation des Eigentumsrechts, zu der (8) gehört, muß
es also noch eine andere Möglichkeit geben, das Eigentum einer Person
an einer Sache festzustellen, sonst wäre dieses Eigentumsrecht sinnlos,
weil es nichts regelt.

Wedberg schreibt, eine Definition wie (8) sei zirkulär und schlägt wieder vor, den Zirkel durch ein rekursives Verfahren zu eliminieren. An-
scheinend kam er zu dieser Ansicht, weil er hier im Gegensatz zum
ersten Ansatz „HE", „EE" und „VE" nicht deutlich unterschieden hat.
Vielleicht hat er auch vermutet, daß „VE" und „EE" in (8) durch einen
Ausdruck substituiert werden können, der „HE" enthält. Aber erst diese
Substitution hätte (8) zirkulär gemacht.

Die Vorschriften über „Rechtsfolgen aus dem Eigentum" sind mit der Definition (8) vollständig erfaßt, nicht aber alle Normen über den „Erwerb von Eigentum". Die (fehlenden) Normen über originären Eigentumserwerb könnten in der Form

(10) $(x)\,(F_1 x \supset EEx)$

kodifiziert werden, wobei „$F_1 x$" irgendwelche Bedingungen des originären Eigentumserwerbs ausdrückt.

Da die Definition von „HE" durch die Vorschriften über Rechtsfolgen aus dem Eigentum zur Regelung der Eigentumsverhältnisse nichts beiträgt, bleibt nur die Möglichkeit, die Bedeutung von „HE" wie auch bei den anderen Lösungsansätzen mit Hilfe der Vorschriften über Eigentumserwerb und -verlust festzulegen (wenn man nicht überhaupt auf dieses Zeichen von vornherein verzichtet). „HE" wird mit „EE" und „VE" definiert

(11) $HEx \equiv EEx \;.\; \sim VEx$

und die Bedeutung von „EE" und „VE" wird mit Hilfe von Rechtsnormen festgelegt. Da (8) die Bedeutung von „HE" für keinen rechtlich relevanten Fall festlegt, sind (8) und (11) zumindest in jedem rechtlich relevanten Fall miteinander vereinbar.

Die Verwendung von (11) setzt das Vorhandensein von Normen voraus, welche die Ableitung von Aussagen über den Nichtverlust von Eigentum möglich machen. Die aus (8) wieder ableitbaren Normen erlauben die Ableitung nicht, weil sie die Form von Subjunktionen haben und VE allenfalls nicht-negiert im Konsequens enthalten. Dazu muß eine eigne, im Gesetz nicht ausdrücklich enthaltene Subjunktion, oder, wie schon angedeutet, besser gleich eine Bijunktion formuliert werden:

(12) $(x)\,(F_4 x \equiv VEx)$

„$F_4 x$" deutet die Disjunktion aller Bedingungen für den Eigentumsverlust an.

Ein für die Imperativentheorie möglicherweise vorteilhaftes Ergebnis ist noch nicht erzielt. Rechtssätze mit Konsequentes in A, die präskriptiv interpretiert werden sollen — dazu zählen (10) und ein Teil der zur Lösung von Fällen aus der Definition (8) wieder abgeleiteten Rechtsnormen — enthalten ja nicht das in (8) präskriptiv interpretierte Prädikat „HE" im Konsequens, sondern „EE". Aus (11) ist (13)

(13) $(x)\,(EEx \;.\; \sim VEx \supset HEx)$

und aus (13) (14) ableitbar.

(14) $(x)\,(EEx \supset (\sim VEx \supset HEx))$

2*

Aus (14) kann man dagegen (15) nicht ableiten.

(15) $(x) (EEx \equiv (\sim VEx \supset HEx))$

Wenn es aber gelingt zu zeigen, daß die Einführung von (15) weder
Bedingungen des Eigentumserwerbs bzw. -verlustes, noch Bedingungen
oder Inhalt der Rechtsfolgen aus dem Eigentum ändert, kann man (15)
zur Kodifizierung des geltenden Eigentumsrechts benutzen. (15) läßt sich
in die Konjunktion von (14) und (16) zerlegen.

(16) $(x) ((\sim VEx \supset HEx) \supset EEx)$

(16) ist äquivalent (17).

(17) $(x) ((VEx \vee HEx) \supset EEx)$

Aus (17) folgt, daß, wenn jemand Eigentum an einer Sache verliert, er
es vorher (die Zeitfolge wird erst in Kap. 5 mit ausgedrückt) erworben
hat, eine entbehrliche, aber, wie schon erwähnt, unschädliche Konsequenz. Außerdem folgt, wie schon aus (11), daß, wer Eigentum hat, es
vorher erworben hat. (15) kann also zur Formulierung des Eigentumsrechts verwendet werden.

Substituiert man nun in (15) mit (8) für „HE", so erhält man eine
präskriptive Definition von „EE":

(18) $(x) (EEx \equiv (\sim VEx \supset (y) ((Gx, y \supset VEx \,.\, EEy) \,.\, (By \supset !Uy))))$

(18) enthält EE aber auch im Definiens und ist daher zirkulär.

Versucht man, die Bedeutung von „EE" mit Hilfe der Rechtsnormen
über Eigentumserwerb oder -verlust festzulegen, so stellt man fest, daß
„EE" durch ein rekursives Verfahren eliminierbar ist und also keine Bedeutung zu haben braucht (s. u. Kap. 5 u. 6). Das Verfahren besteht darin, Ketten von Eigentumsübertragungen soweit zurück zu verfolgen, bis
man auf einen originären Eigentumserwerb stößt. (Wedberg hatte ein
ähnliches Verfahren für die Eliminierung von „HE" vorgesehen.) Es ist
aber nicht möglich, ein solches Verfahren auf (18) anzuwenden, weil die
dazu erforderlichen Vorschriften über originären Eigentumserwerb in
(18) nicht vorkommen.

Die präskriptive Interpretation von „HE" hat sich als möglich aber
sinnlos, die von „EE" als unmöglich erwiesen. „VE" muß ohnehin durch
eine Bijunktion mit deskriptivem Definiens definiert werden. Damit
scheidet auch das Programm aus, die Konsequentes in A präskriptiv zu
interpretieren, denn bei den anderen subjektiven Rechten verhält es
sich ja ebenso wie beim Eigentum.

Man kann nun entweder zwei Arten von „Rechtsfolgen" zulassen, von
denen die eine, mit deskriptivem Modus, die Konsequentes in A umfaßt,

die andere, mit präskriptivem, genauer imperativischem Modus, jene in *B*. Dementsprechend muß man auch zwei Arten von Rechtssätzen akzeptieren. Oder man betrachtet nur die Konsequentes in *B* als „Rechtsfolgen" und nur die mit ihnen gebildeten Rechtssätze als vollständige Rechtssätze. In dieser Form läßt sich die Imperativentheorie ohne Schwierigkeiten vertreten.

Die Beiträge von Ross und Wedberg haben gezeigt, daß man noch einen Schritt weiter gehen kann. Beide haben darauf hingewiesen[21], daß Komplexe rechtlicher Regelungen, wie z. B. der des „Eigentumsrechts", ohne Verwendung jener Terme, von denen gemeinhin unterstellt wird, daß sie sich auf das „subjektive Recht Eigentum" beziehen, kodifiziert werden können. Die Antecedentes der Sätze, deren Konsequentes zu *A* gehören, bilden dabei unselbständige Bestandteile der Antecedentes jener Sätze, deren Konsequentes zu *B* gehören. Damit erledigt sich die Frage, ob die Konsequentes, welche zu *A* gehören, unter die „Rechtsfolgen" eingereiht werden können, sollen oder müssen von selbst. Sie kommen nicht mehr vor. Bei dieser Art der Kodifikation nennt darüber hinaus jeder Rechtssatz den vollständigen Katalog der Bedingungen, von denen das Gesetz ein Urteil abhängig macht.

Das Untersuchungsziel dieser Arbeit kann durch Angabe zweier Hypothesen präzisiert werden, die es zu prüfen gilt.

1. Alle vollständigen Rechtssätze können als generelle konditionalisierte an den Richter adressierte Imperative formuliert werden.

2. Alle Rechtssätze, in deren Konsequentes Terme vorkommen, von denen gemeinhin unterstellt wird, daß sie sich auf subjektive Rechte, Verträge, Vollmachten usw. beziehen, deren Konsequentes also zur Menge *A* gehören, können als Bestandteile von Antecedentes anderer, vollständiger Rechtssätze, deren Konsequentes zu *B* gehören, ohne diese Terme und ohne Ersatz für sie geschrieben werden. Der Sinn der rechtlichen Regelung „des Eigentums" etc. wird dadurch nicht berührt.

Zur Prüfung der Hypothesen werden einige Sätze des Eigentumsrechts ausgewählt. Gemeinsam erlauben sie, einen einfachen „Fall" zu lösen: der Eigentümer einer Sache verlangt diese von ihrem Besitzer heraus. Diese Auswahl gewährleistet einerseits, daß einer der Rechtssätze, die „Anspruchsgrundlage", sich als Imperativ formulieren läßt, andererseits, daß jeder der Rechtssätze mindestens einen Term enthält, der sich, nach üblicher Interpretation, in irgend einer Weise auf „das Eigentum" bezieht. Im folgenden werden diese Terme, wie auch ent-

---

[21] *Ross:* On Law and Justice, a.a.O., p. 170 ff. *Ders.:* Definition in Legal Language, a.a.O., p. 142 ff. *Wedberg:* Logical Analysis, a.a.O., p. 272 ff.

sprechende, die sich auf Verträge, Vollmachten und dergleichen beziehen, *„eingeschobene Terme"* genannt. Rechtssätze, die eingeschobene Terme im Konsequens enthalten, werden als deskriptive Sätze formuliert (Kap. 5).

Aus der Konjunktion der ausgewählten Rechtssätze wird ein Rechtssatz konstruiert, der die Form eines generellen konditionalisierten Imperativs hat, keinen eingeschobenen Term enthält und denselben Fall in der gleichen Weise zu lösen erlaubt (Kap. 5). Anschließend wird das Bildungsgesetz angegeben, nach dem ein Rechtssatz konstruierbar ist, der die gleichen logischen Eigenschaften hat und erlaubt, nicht nur solche, sondern alle eigentumsrechtlichen Fälle zu lösen (Kap. 6).

Um die sehr komplizierte logische Struktur der Rechtssätze klar erkennbar zu machen und die Überprüfbarkeit der logischen Operationen mit diesen Sätzen zu sichern, werden die Rechtssätze mit den Mitteln der Quantorenlogik symbolisiert. Die Gesetzestexte geben den Sinn der Rechtssätze nur sehr unvollkommen wieder. Um sie korrekt auf Sachverhalte anwenden zu können ist eine spezielle Ausbildung erforderlich. Die in dieser Ausbildung erworbenen zusätzlichen Informationen über den Gebrauch der Gesetzestexte müssen zum Teil in der Syntax der symbolisierten Sätze ausgedrückt werden. Für die Richtigkeit der Symbolisierung gibt es bis jetzt noch keinen formalen Beweis.

Als sprachliche Gebilde haben die Rechtssätze Sinn nur relativ zu Personengruppen, die durch den Gebrauch, den sie von den Sätzen machen, ihnen einen Sinn geben. Um den Sinn der Rechtssätze zu ermitteln, suchen die Anhänger der einen Auslegungsmethode, der „subjektiven Theorie", den „Willen des Gesetzgebers" festzustellen, den Gebrauch der Gesetze, den eine nicht genau definierte Gruppe von an der Gesetzgebung beteiligten Personen intendierte, die Anhänger der anderen Auslegungsmethode, der „objektiven Theorie", den „Willen des Gesetzes", de facto den Gebrauch, den eine ebenfalls nicht genau definierte Gruppe, die in diesem Fall im wesentlichen die Gruppe der Richter enthält, von den Gesetzen macht.

Die Ermittlung des Sinnes der Gesetze durch Feststellung des Gebrauchs, den die Richter von ihnen machen, ist aber nicht unproblematisch. Es kann dann eingewandt werden, der richterliche Gebrauch einer Rechtsnorm sei zwar richtig ermittelt, sei aber nicht relevant für ihren Sinn. Denn eine Untersuchung des Gebrauchs von Sätzen, die sich auf die Richter als Population beschränkt, erlaubt zwar gegebenenfalls die Abweichung einzelner Richter von dem nach irgend einem Kriterium als normal ermittelten Gebrauch festzustellen, wobei die Abweichungen dann als inkorrekt bezeichnet werden können, nicht aber die Korrektheit des normalen Gebrauchs. Die staatliche Rechtsauffassung, bzw. die Idee der Gewaltenteilung, insoweit ihre demokratische Version, impliziert aber die Möglichkeit, daß dieser „normale" richterliche Gebrauch nicht korrekt ist. Die Jurisdiktion ist danach, zumindest im Normalfall, ein ausführendes Organ. Das Verhalten seiner Mitglieder wird von der dazu berufenen Legislative mittels der Gesetze gesteuert. Die Steuerung kann ineffizient sein. In diesem Fall wenden die Richter auch „normalerweise" ein Gesetz nicht korrekt an. Die staatliche Rechtsauffassung impliziert also, daß der Sinn der Gesetze unabhängig vom richterlichen Gebrauch zu ermitteln ist.

Für die Zwecke dieser Arbeit braucht aber keine Entscheidung für eine Auslegungsmethode getroffen zu werden. Der genaue Sinn einzelner Rechtssätze ist hier nicht entscheidend, sondern nur die Weise, in der bestimmte Rechtssätze, wie z. B. § 929 und § 985 BGB gemeinsam verwandt werden, um Urteile zu begründen. Und diese gemeinsame Verwendung ist von den „Vätern des BGB", wenn man ihre Absicht für die des Gesetzgebers stehen lassen will, nach allem was man weiß, genau so beabsichtigt worden, wie sie im tatsächlichen Verhalten der Richter feststellbar ist. Durch die gemeinsame Verwendung sind nur bestimmte strukturelle Eigenschaften der Rechtssätze impliziert: alle beteiligten Sätze sind als Subjugate oder Bijugate darstellbar, ein Teil der Sätze enthält ein Zeichen im Konsequens, das der andere im Antecedens ententhält und einige weitere Charakteristika, die erst im Kapitel 5 geschildert werden können. Die Struktur der Antecedentes der Subjugate ist dagegen nur teilweise festgelegt und die Interpretation der Prädikate ist als semantisches Problem für diese Arbeit irrelevant. Bei dem hier ausgearbeiteten Beispiel aber dürfte es auch diesbezüglich keine gravierenden Meinungsverschiedenheiten geben.

Mit der Konstruktion eines vollständigen Rechtssatzes, der keinen eingeschobenen Term enthält, ist, wenn auch nur am Beispiel weniger unvollständiger Rechtssätze, bewiesen, daß die eingeschobenen Terme zur Formulierung des geltenden Rechts entbehrlich sind. Diskussionen über die Bedeutung dieser Terme und das „Wesen" der „subjektiven Rechte", auf die sie sich vermeintlich beziehen, erübrigen sich damit. Die Möglichkeit, auf eingeschobene Terme zu verzichten, muß aber nicht wahrgenommen werden. Ihre Verwendung ist vielmehr äußerst ökonomisch. Die Kenntnis ihrer sprachlichen Funktion erlaubt, sie ohne Verpflichtung zu ebenso umfangreichen wie fruchtlosen rechtsphilosophischen Diskussionen zu verwenden.

2. Probleme der imperativischen Formulierung der Rechtssätze

2.1. Die Quelle des Imperativs

Gegen die „Willenstheorien", frühe Formen „der Imperativentheorie", hat Axel Hägerström eingewandt, es sei unmöglich, irgend einen Willen zu bezeichnen, als dessen Befehle oder Erklärungen die Rechtsnormen betrachtet werden könnten[22]. Nun ist „Wille" bestenfalls ein theoretischer Term der Psychologie und es ist außerordentlich problematisch, den Gebrauch einer Satzform wie des Imperativs von der Existenz einer Entität abhängig zu machen, auf die ein solcher Term sich ggf. bezieht. Weder die „Logik der Imperative" noch die neueren Versionen „der Imperativentheorie" verlangen denn auch die Existenz eines Willens[23].

Dagegen muß ein Imperativ, zumindest normalerweise, eine Quelle haben[24]. In Staaten mit gesetzgebender Körperschaft kommt als Quelle der Gesetze nur ein Abstraktum in Frage. Zwar ist u. a. Rescher, im Gegensatz etwa zu Olivecrona[25], bereit, als Quelle von Imperativen nicht nur

---

[22] So *Hägerströms* Hinweis auf seinen Aufsatz „Är gällande rätt uttryk av vilja?" in Festskrift tillägnad Vitalis Norström. 1916, p. 171 - 210, englische Übersetzung unter dem Titel „Is Positive Law an Expression of Will?" in Axel Hägerström: Inquiries into the Nature of Law and Morals, ed. by Karl Olivecrona, Stockholm 1953. Der Hinweis entstammt seinem Aufsatz „Till fragan om den gällande rättens begrepp". I. 1917, englische Übersetzung unter dem Titel „On the Question of the Notion of Law", ebenfalls in „Inquiries", p. 250. Eine Skizze des Beitrags Hägerströms zur Diskussion „der Imperativentheorie" findet sich in *Ilmar Tammelos* Aufsatz „Contemporary Developments of the Imperative Theory of Law: a Survey and Appraisal" in: Archiv für Rechts- und Sozialphilosophie XLIX, 1963, p. 225 - 277.

[23] Siehe z. B. *Tammelo:* Contemporary Developments..., a.a.O. Über nicht-deskriptive Sätze — dazu gehören die präskriptiven — gibt es eine umfangreiche Literatur. Einen Überblick in deutscher Sprache und zahlreiche Literaturangaben bietet der Aufsatz „Ethik und Metaethik. Das Dilemma der analytischen Moralphilosophie". Von *Hans Albert* in Archiv für Philosophie, Bd. 11, 1961, pp. 28 - 63.

[24] Dubislav spricht vom „Unbegriff eines Imperativs ohne Imperator". *Walter Dubislav:* Zur Unbegründbarkeit der Forderungssätze. In: Theoria III, 1937, p. 330 - 342. „Ein Befehlssatz bedarf auch immer der Entäußerung, . . .", *Karl Engisch:* Logische Studien zur Gesetzesanwendung, 3. Aufl., Heidelberg 1963. „Every standard command has a source: it emanates from some issuing agency; it must be given by someone." *Nicholas Rescher:* The Logic of Commands, London, New York 1966, p. 10.

[25] „It is however, impossible to maintain that the ‚state' properly speaking could issue commands. The state is an organization. But an organization cannot, as such, be said to command." *Karl Olivecrona:* Law as Fact, Kopenhagen und London 1939, p. 35 - 36.

natürliche, sondern auch juristische Personen, ein Parlament oder einen Vorstand zu akzeptieren[26], aber die Verabschiedung von Gesetzen ist selbst in Rechtsnormen geregelt, in denen „Parlament" als eingeschobener Term vorkommt, mit dem man die übliche Vorstellung von einer Entität, die irgendwelche Handlungen vornehmen, etwa Anordnungen treffen könnte, gar nicht verbinden kann. Hinzu kommt, daß der Gesetzgeber nur Quelle eines Teils, wenn auch des bei weitem größten Teils der Rechtsnormen ist. Die Normen des Gewohnheitsrechts mögen zwar von den Richtern zuerst formuliert werden. Sicher gelten die Richter aber nicht als deren Quelle. Vielmehr wird unterstellt, daß sie diese Normen pflichtgemäß anwenden. Der „Rechtsgeltungswille der Gemeinschaft" oder die „allgemeine Rechtsüberzeugung" kommen als Quelle des Gewohnheitsrechts ebenso wenig in Betracht, wie der „Wille des Gesetzgebers" als Quelle der gesetzlichen Imperative[27].

Die Möglichkeit, eine Quelle zu benennen, ist aber keine notwendige Voraussetzung, um Verhaltensregeln die grammatische Struktur von Imperativen zu geben. Moralische Imperative und Gebote unterscheiden sich gerade dadurch von normalen Imperativen, daß sie keine Quelle haben[28]. Trotzdem ist ihre Logik die gleiche wie die der normalen Imperative[29]. Deshalb braucht die Frage, ob es möglich oder sinnvoll ist, von einer Quelle der Rechtsnormen zu sprechen, hier nicht beantwortet zu werden. Die Rechtsnormen können als Imperative ohne Imperator behandelt werden.

2.2. Der Adressat des Imperativs

Imperative haben einen Empfänger oder Adressaten. Das gilt nicht nur für normale, sondern auch für moralische Imperative[30]. Je nach den Anforderungen, die an einen imperativisch formulierten vollständigen Rechtssatz gestellt werden, kommen als Adressaten entweder nur Rich-

---

[26] „The source may be either a single individual or a corporate ‚individual‘, i. e., a duly constituted group (e. g. a parliament or a board of directors)." *Rescher:* The Logic of Commands, a.a.O., p. 10.

[27] Voraussetzung zur Begründung eines Gewohnheitsrechts ist eine länger dauernde, gleichmäßige Übung, die Ausdruck eines „Rechtsgeltungswillens der Gemeinschaft", oder einer „allgemeinen Rechtsüberzeugung" ist. *Larenz:* Methodenlehre, a.a.O., p. 269 - 270.

[28] „This feature (among others) serves to differentiate commands from moral imperatives and from ‚commandments‘ which not only can but prima facie should be regarded as sourceless. (‚Keep your promises!‘ need not — and indeed should not — be regarded as a ‚command of God‘ nor ‚of society‘ or ‚of conscience‘. Apart from farfetched theories regarding the nature of their sanction, moral imperatives fail to be commands precisely because of their lack of a source.)" *Rescher:* The Logic of Commands, p. 10.

[29] „This of course is no reason to think that the ‚logic‘ of moral imperatives is different from that of commands." *Rescher:* a.a.O., p. 10, Anm. 5.

[30] „Every command has a recipient or addressee: it is directed at some target; it must be given to someone." *Rescher:* a.a.O., p. 11.

ter oder neben Richtern auch Rechtsgenossen, Justizorgane und dgl. in Betracht. Wird von einem vollständigen Rechtssatz verlangt, daß er alle Bedingungen eines Urteils aufzählt und den Inhalt des Urteils spezifiziert, so kann er nur an den Richter adressiert werden. Ein solcher Rechtssatz kennzeichnet unter den prozeßrechtlichen Bedingungen der Anordnung des Urteils den Adressaten und, wer im einzelnen Fall dieser Kennzeichnung entspricht, ist der zuständige Richter. Nur wenn dieser das Urteil fällt, kann es durch Hinweis auf die korrekte Anwendung des Rechtssatzes gerechtfertigt werden.

Gesetz und Gewohnheitsrecht steuern aber nicht nur das Verhalten von Richtern im Amt, sondern auch das von Rechtsgenossen, Verwaltungsorganen etc. Gewöhnlich wird darin sogar die primäre Aufgabe des Rechts gesehen[31]. Deshalb liegt es nahe, Rechtssätze in erster Linie als Imperative an die Rechtsgenossen zu interpretieren und ggf. auch die Konsequentes dieser Imperative als „Rechtsfolgen" zu betrachten und dementsprechend Anweisungen an die Rechtsgenossen zu den vollständigen Rechtssätzen zu zählen.

So kann § 985 BGB „Der Eigentümer kann von dem Besitzer die Herausgabe der Sache verlangen" u. a. in Form einer Anweisung an die Rechtsgenossen wiedergegeben werden:

Wenn x Eigentümer einer beweglichen Sache s ist und y ihr Besitzer und x nicht mit y identisch ist (und y kein Recht zum Besitz hat), dann y gib dem x die Sache s heraus[32]!

Die in § 986 BGB niedergelegten möglichen Einwendungen des Besitzers müssen negiert unter die Bedingungen dieses Imperativs aufgenommen werden. Hier sind sie durch den eingeklammerten Satz nur angedeutet. Und § 242 StGB „Wer eine fremde bewegliche Sache einem anderen in der Absicht wegnimmt, dieselbe sich rechtswidrig zuzueignen, wird wegen Diebstahls mit Gefängnis bestraft". kann in Form des Imperativs

Wenn x Eigentümer einer beweglichen Sache s ist und x und y nicht identisch sind, dann y nimmt dem x die Sache s nicht in der Absicht weg, sie dir rechtswidrig zuzueignen!

wiedergegeben werden.

Die Imperative an die Rechtsgenossen geben aber nicht den vollen Inhalt der §§ 985 BGB und 242 StGB wieder. Bei § 242 StGB ist das ganz offensichtlich. Er nennt eine Sanktion, die ein Richter zu verhängen hat, wenn ein Rechtsgenosse das an ihn gerichtete Verbot übertritt. Dieses

---

[31] *Hart*, H. L. A.: The Concept of Law, Oxford 1961, p. 35, 38 ff.
[32] Der Einfachheit halber wird in dieser Arbeit unterstellt, daß jeweils nur *eine* Person Eigentümer einer Sache sein kann.

Gebot an den Richter läßt sich wieder in die Form eines generellen konditionalisierten Imperativs kleiden:

Wenn x Eigentümer einer beweglichen Sache s ist und x und y nicht identisch sind und y dem x die Sache s in der Absicht wegnimmt, sie sich rechtswidrig zuzueignen (und die prozeßrechtlichen Voraussetzungen erfüllt sind), dann fälle das Urteil: „y soll mit Gefängnis bestraft werden!"[33]!

Der an den Richter adressierte Imperativ enthält die Beschreibung der von den Rechtsgenossen zu unterlassenden Handlung im Antecedens. Daß diese Handlung zu unterlassen ist, ergibt sich aus der Sanktionsandrohung[34]. Neben dem Imperativ an den Richter bedarf es deshalb keines Imperativs an die Rechtsgenossen um den Inhalt des § 242 StGB auszudrücken[35].

Bei § 985 BGB liegen die Verhältnisse nicht ganz so einfach. Hier soll eine Handlung nicht sanktioniert, sondern gegebenenfalls erzwungen werden. Das geschieht zunächst durch ein Urteil, welches die Vornahme dieser Handlung anordnet. Der Tenor der im Urteil ausgesprochenen Anweisung zur Vornahme der Handlung ist denselben Worten des § 985 BGB zu entnehmen wie der Imperativ an die Rechtsgenossen und er lautet genau so: „y gib dem x die Sache s heraus!". Die Anweisung an den Richter, ein Urteil dieses Inhalts zu fällen, hängt von den gleichen materiellrechtlichen Bedingungen ab wie der Imperativ an die Rechtsgenossen. Hinzu kommen wieder die prozeßrechtlichen Voraussetzungen.

Wenn x Eigentümer einer beweglichen Sache s ist und y ihr Besitzer und x nicht mit y identisch ist (und y kein Recht zum Besitz hat) (und die prozeßrechtlichen Voraussetzungen erfüllt sind), dann fälle das Urteil: „y gib dem x die Sache s heraus!"!

Die gesamte Information über die den Rechtsgenossen gebotene Handlung, ihre nähere Kennzeichnung sowie die Bedingungen, unter denen

---

[33] Der Urteilstenor muß ein genaues Strafmaß enthalten. Dessen Grenzen sind in anderen Rechtssätzen festgelegt. Dem Soll-Satz entspricht ein Imperativ an die Vollzugsorgane, das Urteil, nachdem es rechtskräftig ist, zu vollstrecken. Engisch ist der Ansicht, daß das Strafurteil außerdem eine Anweisung an den Verurteilten enthält, die Strafe auf sich zu nehmen. Auf diesen Imperativ kann aus den gleichen Gründen verzichtet werden wie auf den, nicht zu stehlen.

[34] *Alf Ross:* Directives and Norms, London, New York 1968, p. 91.

[35] *Kelsen,* Hans: Reine Rechtslehre, 2. Aufl., Wien 1960, S. 56. „Ein modernes Strafgesetz enthält zumeist gar keine Normen, in denen, so wie in den Zehn Geboten, Mord, Ehebruch und andere Delikte verboten werden, sondern beschränkt sich darauf, an bestimmte Tatbestände Strafsanktionen zu knüpfen. Hier zeigt sich deutlich, daß eine Norm ‚Du sollst nicht morden' überflüssig ist, wenn eine Norm gilt: ‚Wer mordet, soll bestraft werden'; daß die Rechtsordnung ein bestimmtes Verhalten eben dadurch verbietet, daß sie an dieses Verhalten eine Sanktion knüpft, oder ein bestimmtes Verhalten gebietet, indem sie an das gegenteilige Verhalten eine Sanktion knüpft."

sie erfolgen soll, ist in der Anwendung an den Richter enthalten. Eine zusätzliche Anweisung an die Rechtsgenossen ist deshalb auch bei § 985 BGB entbehrlich. Andererseits ist es nicht möglich, den gesamten Inhalt der an die Richter adressierten Imperative in Gestalt von Anweisungen an die Rechtsgenossen wiederzugeben. Sätze wie

Wenn x Eigentümer einer beweglichen Sache s ist und x und y nicht identisch sind, dann y nimm dem x die Sache s nicht in der Absicht weg, sie dir rechtswidrig zuzueignen, sonst soll (wenn die prozeßrechtlichen Bedingungen erfüllt sind) der Richter das Urteil fällen: „y soll mit Gefängnis bestraft werden!"!

enthalten neben dem klar erkennbaren Imperativ an die Rechtsgenossen auch den durch die Grammatik der Worte „sonst" und „soll" leicht verdeckten Imperativ an die Richter.

Kelsen betrachtet nur solche Sätze als vollständige Rechtsnormen[36], die einen Zwangsakt bedingt anordnen[37]. Eine der möglichen Interpretationen dieses Vorschlags macht statt der Rechtsgenossen oder Richter die Mitglieder der Vollstreckungsorgane zu Adressaten der Rechtsnormen. Bei jeder Interpretation hat er jedoch Konsequenzen, die ihn unzweckmäßig erscheinen lassen.

Eine Rechtsnorm kann „Zwangsakte statuieren" indem sie für bestimmte Fälle Urteile vorschreibt, die ihrerseits Zwangsakte — die Einschließung des Verurteilten oder die Vollstreckung in sein Vermögen — anordnen. Entsprechen alle Rechtsnormen diesem Muster, so können Feststellungs- und Gestaltungsurteile nicht mehr durch den Hinweis auf die Anwendung von Rechtsnormen gerechtfertigt werden, denn sie ordnen keine Sanktionen an. Die Anweisungen zu Feststellungs- und Gestaltungsurteilen können nicht in Anweisungen zu Leistungsurteilen enthalten sein, wie die Anweisungen an die Rechtsgenossen in denen an die Richter enthalten sind, denn sie hängen von eigenen prozeßrechtlichen Bedingungen ab. Außerdem müssen in diesem Fall die Konsequentes von Rechtsnormen, mit denen Leistungsurteile begründet werden können, ihrerseits als Konditionalsätze formuliert werden, denn die

---

[36] Kelsen bezeichnet mit „Rechtssatz" Sätze der Rechtswissenschaft, welche „die durch Akte menschlichen Verhaltens erzeugten und durch solche Akte anzuwendenden und zu befolgenden Rechtsnormen und damit die durch diese Rechtsnormen konstituierten Beziehungen zwischen den von ihnen bestimmten Tatbeständen" *beschreiben*. *Kelsen*: Reine Rechtslehre, a.a.O., p. 73, Hervorhebung von mir.

[37] „Aus dem Gesagten ergibt sich, daß eine Rechtsordnung, obgleich keineswegs alle ihre Normen Zwangsakte statuieren, dennoch als Zwangsordnung insofern gekennzeichnet werden kann, als alle Normen, die nicht selbst einen Zwangsakt statuieren und daher nicht gebieten, sondern zur Setzung von Normen ermächtigen oder positiv erlauben, unselbständige Normen sind, die nur in Verbindung mit einer einen Zwangsakt statuierenden Norm gelten." *Kelsen*: Reine Rechtslehre, a.a.O., p. 59.

Sanktion, die Zwangsvollstreckung, erfolgt nur, wenn der Verurteilte nicht freiwillig leistet.

Statuieren die Rechtsnormen Zwangsakte, indem sie für bestimmte Fälle unmittelbar einen Zwangsakt anordnen — sie müssen dann an die Vollstreckungsorgane adressiert sein, weil nur diese den Zwangsakt vornehmen dürfen — so kann kein Urteil mehr gerechtfertigt werden, indem man zeigt, daß es einer Rechtsnorm entspricht. Denn selbst die Anweisungen zu Leistungs- und Strafurteilen können in den Rechtssätzen, die Anweisungen an die Vollstreckungsorgane treffen, nicht implizit enthalten sein. Die Bedingungen der Anweisungen an die Richter kommen in den Anweisungen an die Vollstreckungsorgane gar nicht vor. So hängt die Anweisung an die Justizorgane, einen Täter einzuschließen, gar nicht von dessen Straftat ab, sondern nur von einem Urteil, das ihn wegen seiner Straftat zu Einschließung verurteilt. Sie besteht auch dann, wenn der vermeintliche Täter die Tat nicht begangen hat, das Urteil aber rechtskräftig geworden ist.

Der mögliche Vorteil, mit der Interpretation der Rechtsnormen als Zwangsakte statuierender Sätze deren Sinn richtig getroffen zu haben[38], dürfte die angeführten Nachteile kaum aufwiegen. Abgesehen davon ist es sicher ebenso plausibel, den Sinn der Rechtsnormen in der Steuerung des Verhaltens der Rechtsgenossen zu sehen, wie in der ultima ratio des Gesetzgebers, der Anwendung von Zwang[39].

Da die Bedingungen, von denen die Anweisung an die Rechtsgenossen, eine Sache herauszugeben, abhängt, gleichzeitig die materiellrechtlichen Bedingungen der Anweisung an den Richter sind, ein Urteil auf Herausgabe der Sache zu fällen, können diese durch die Anweisung an die Rechtsgenossen ersetzt werden. Die generelle konditionalisierte Anweisung an den Richter lautet dann:

Wenn y dem x die Sache s herausgeben soll (und die prozeßrechtlichen Voraussetzungen erfüllt sind) dann fälle das Urteil: „y gib dem x die Sache s heraus!"!

Die Logik der Imperative gestattet, aus dem so formulierten (konditionalisierten) Imperativ an den Richter und dem (konditionalisierten) Imperativ an den Rechtsgenossen den zuerst formulierten (konditionalisierten) Imperativ an den Richter abzuleiten, welcher alle materiellrechtlichen Bedingungen der Urteilsanweisung enthält[40]. Der (nicht kon-

---

[38] „...; der Sinn der Rechtsordnung ist, daß gewisse Übel unter gewissen Bedingungen zugefügt werden *sollen*, daß allgemeiner formuliert, bestimmte Zwangsakte unter bestimmten Bedingungen vollstreckt werden *sollen*." *Kelsen*: Reine Rechtslehre, a.a.O., p. 45, Hervorhebung im Original.

[39] Hart bezeichnet die Steuerung des Verhaltens der Rechtsgenossen als die primäre Aufgabe des Rechts. *Hart*, H. L. A.: The concept of law, Oxford 1963, p. 38 ff.

[40] S. u., p. 33, 36.

ditionalisierte) Imperativ an den Rechtsgenossen hat dabei die gleiche Funktion wie ein eingeschobener Term.

Die deutsche Sprache erlaubt nicht, Imperative in Wenn-Sätze aufzunehmen. Deshalb mußte statt des Imperativs an den Rechtsgenossen ein ihm gleichbedeutender Soll-Satz in das Antecedens des (konditionalisierten) Imperativs an den Richter aufgenommen werden. Da Soll-Sätze den gleichen Sinn wie Imperative haben können, wäre es möglich, alle Imperative in Rechtssätzen gegen Soll-Sätze auszutauschen.

So interpretiert Olivecrona alle vollständigen Rechtssätze als Soll-Sätze, die sich von Imperativen allerdings u. a. dadurch unterscheiden, daß sie keinen Adressaten haben. Seine Begründung des Verzichts auf einen Adressaten ist aber nicht haltbar. „It is quite impossible for the lawgivers directly to adress themselves to the present and future judges who may come into situations corresponding to that imagined in the law. Instead the action itself is put forward as an action that *shall* be performed[41]." Natürlich kann der Gesetzgeber die Richter, an die er sich wendet, im Gesetz nicht namentlich erwähnen. Aber das Gleiche gilt von den Tätern, deren Verhalten nach den Rechtssätzen abgeurteilt werden soll. Indem ein Rechtssatz eine Tat charakterisiert, erlaubt er, im einzelnen Fall zu entscheiden, ob eine namentlich bekannte Person als Täter im Sinne dieses Rechtssatzes behandelt werden soll. In der gleichen Weise legen Rechtssätze des Prozeßrechts die Zuständigkeit eines Gerichts für einen Fall fest. Zieht man noch die Geschäftsordnung des Gerichts heran, so kann der Adressat des vollständigen Rechtssatzes, der zuständige Richter, namhaft gemacht werden. Wenn das gesetzliche Gebot an eine so genau determinierte und ausschließlich gemeinte Person gerichtet ist, kann man kaum einsehen, warum diese Person nicht als sein Adressat betrachtet werden soll, auch, wenn das generell formulierte Gebot allein die Person nicht determiniert.

Abgesehen davon müßten bei der Formulierung eines Rechtssatzes in der Gestalt „Diese Handlung soll vorgenommen werden." ohnehin Richter oder Rechtsgenossen als Adressaten unterstellt werden. Denn auch ein solcher Satz muß die vorzunehmende Handlung kennzeichnen und das Gesetz schreibt Richtern und Rechtsgenossen unterschiedliche Handlungen vor, den Rechtsgenossen etwa eine Sache heraus zu geben und den Richtern jemanden zur Herausgabe der Sache zu verurteilen.

Olivecrona hat auch noch andere Gründe, Rechtssätze als „unabhängige Imperative" zu betrachten: „Or the meaning of a rule may be that a ‚legal relation' *shall* be established under such and such circumstances. e. g. the bond of marriage shall exist when the wedding has taken place[42]." Rechtssätze, die Entstehung und Erlöschen von Rechtsverhält-

---

[41] *Olivecrona:* Law as Fact, a.a.O., p. 45.
[42] *Olivecrona:* Law as Fact, a.a.O., p. 45.

nissen etc. regeln, lassen sich auch in der deutschen Sprache ohne Schwierigkeiten in die Form von Soll-Sätzen kleiden. Dadurch entsteht der Eindruck, sie seien vom gleichen logischen Charakter wie jene Soll-Sätze, welche die Stelle von Imperativen an Richter und Rechtsgenossen einnehmen. In diesem Fall könnte man auch Sätze, die Rechtsverhältnisse regeln, also eingeschobene Terme enthalten, als vollständige Rechtssätze betrachten und doch alle vollständigen Rechtssätze einheitlich als generelle konditionalisierte Soll-Sätze charakterisieren.

Bei genauer Betrachtung zeigt sich allerdings, daß Sätze über Entstehen und Erlöschen von Rechtsverhältnissen, wenn man sie als Soll-Sätze formuliert, mit jenen Soll-Sätzen, die mit Imperativen an Richter oder Rechtsgenossen gleichbedeutend sind, nur die grammatische Struktur und das Wort „soll" gemeinsam haben. Denn es wird allgemein angenommen, daß ein Rechtsverhältnis ohne irgendjemandes Zutun entsteht, wenn die Bedingungen des Rechtssatzes, der sein Entstehen regelt, erfüllt sind. Das Entstehen eines Rechtsverhältnisses ist also kein Erfolg, den anzustreben irgend jemanden geboten sein könnte. Die etwaige Verpflichtung einer Person, ein Rechtsverhältnis durch Erfüllung der Anfangsbedingungen einer Norm, die sein Entstehen regelt, zu begründen, macht das Konsequens dieser Norm nicht zu einer Formel, die sich auf eine Handlung bezieht. Im Gegensatz zu allen anderen Rechtssätzen fehlen denen mit eingeschobenen Termen im Konsequens zwei Voraussetzungen für die Formulierung in Gestalt von Imperativen oder ihnen entsprechenden Soll-Sätzen, die Kennzeichnung einer auszuführenden Handlung oder eines anzustrebenden Erfolgs und die eines Adressaten[43].

2.3. Zur Anwendung der Rechtssätze erforderliche gültige Schlüsse mit Imperativen

Die Interpretation der Rechtsnormen als generelle konditionalisierte Imperative setzt eine Logik der Imperative voraus, welche die zur Begründung von Urteilen und ggf. konkreten Anweisungen an Rechtsgenossen aus Gesetz und Gewohnheitsrecht erforderlichen Operationen als gültige logische Schlüsse bereitstellen kann.

Die wichtigste dieser Operationen ist die Ableitung eines konkreten Imperativs aus einem generellen konditionalisierten Imperativ und einem deskriptiven Satz, der das Vorliegen von dessen Anfangsbedingungen behauptet, z. B.:

Wenn x Eigentümer einer beweglichen Sache s ist und y ihr Besitzer und x nicht mit y identisch ist (und y kein Recht zum Besitz hat) (und

---

[43] *Rescher:* The Logic of Commands, a.a.O., p. 18 ff. „The Mooted Action or Result."

die prozeßrechtlichen Voraussetzungen erfüllt sind) dann fälle das Urteil: „y gib dem x die Sache s heraus!"!

a ist Eigentümer der beweglichen Sache s_1 und b ist ihr Besitzer und a ist nicht mit b identisch (und b hat kein Recht zum Besitz) (und die prozeßrechtlichen Voraussetzungen sind erfüllt).

Fälle das Urteil: „b gib dem a die Sache s_1 heraus!"!

In der rechtswissenschaftlichen Literatur sind Schlüsse dieser Art, meist mit Soll-Sätzen dargestellt, als „Syllogismus der Rechtsanwendung" bekannt[44]. Eine adäquate Begründung der Gültigkeit solcher Schlüsse findet sich dort aber nicht, zumal ein Teil der Autoren, z. B. Engisch, sich noch auf die traditionelle Logik beschränkt. Nicholas Rescher hat mit seinem Buch „The Logic of Commands" eine eingehende Untersuchung der Gültigkeit von Schlüssen mit Imperativen vorgelegt. Die von ihm angegebenen Gültigkeitskriterien rechtfertigen die in der vorliegenden Arbeit gebrauchten Schlüsse mit Imperativen, sind aber zu komplex um hier behandelt zu werden. Die Gültigkeit dieser Schlüsse wird auch in der rechtswissenschaftlichen Literatur nicht als problematisch angesehen[45].

Eine weitere Operation ist sowohl in der Logik der Imperative allgemein, als auch für die gesetzlichen Imperative von besonderem Interesse[46]. Es handelt sich um die Ableitung eines generellen konditionalisierten Imperativs aus einem anderen generellen konditionalisierten Imperativ und einem generellen konditionalisierten deskriptiven Satz, z. B.:

Wenn x die Bedingungen A oder B oder ... oder N erfüllt, dann ist er Eigentümer der Sache s.

Wenn x Eigentümer einer Sache s ist und y ihr Besitzer und x nicht mit y identisch ist (und y kein Recht zum Besitz hat) (und die prozeßrechtlichen Voraussetzungen erfüllt sind), dann fälle das Urteil: „y gib dem x die Sache s heraus!"!

Wenn x die Bedingungen A oder B oder ... oder N erfüllt und y der Besitzer der Sache s ist und x nicht mit y identisch ist (und y kein

---

[44] *Engisch:* Logische Studien, a.a.O., p. 8, 9. *Klug,* Ulrich: Juristische Logik, 3. Aufl., Berlin, Heidelberg, New York 1966, p. 48. *Kalinowski,* Georges: Introduction à la logique juridique, Paris 1965, p. 175.
[45] Sie finden sich z. B. alle bei *Engisch:* Logische Studien, a.a.O., p. 8, 9, 16, 17.
[46] *Rescher:* The Logic of Commands, a.a.O., p. 81.

Recht zum Besitz hat) (und die prozeßrechtlichen Voraussetzungen erfüllt sind), dann fälle das Urteil: „y gib dem x die Sache s heraus!"!

Die Möglichkeit dieser Ableitung ist die logische Voraussetzung für
die Ökonomie der Darstellung, die der Gesetzgeber erzielte, indem er
selbständige Rechtssätze über das Entstehen von subjektiven Rechten
und Verträgen formulierte statt die Bedingungen für deren Entstehen
und Erlöschen unter die Bedingungen der Sätze über Ansprüche aus
subjektiven Rechten und Verträgen aufzunehmen.

Ist beabsichtigt, zur Darstellung des geltenden Rechts nicht nur generelle konditionalisierte Direktiven an den Richter, sondern auch solche
an den Rechtsgenossen zu verwenden und zur Vereinfachung deren
Konsequens ins Antecedens der Direktiven an den Richter aufzunehmen,
so wird eine weitere Operation benötigt, die Ableitung eines generellen
konditionalisierten Imperativs mit deskriptivem Antecedens aus einem
Imperativ der gleichen Art und einem anderen mit präskriptivem Antecedens, z. B.:

Wenn x Eigentümer einer Sache s ist und y ihr Besitzer und x nicht
mit y identisch ist (und y kein Recht zum Besitz hat), dann y gib dem
x die Sache s heraus!

Wenn y dem x die Sache s herausgeben soll (und die prozeßrechtlichen
Voraussetzungen erfüllt sind), dann fälle das Urteil: „y gib dem x die
Sache s heraus!"!

Wenn x Eigentümer einer Sache s ist und y ihr Besitzer und x nicht
mit y identisch ist (und y kein Recht zum Besitz hat) (und die prozeßrechtlichen Voraussetzungen erfüllt sind), dann fälle das Urteil: „y gib
dem x die Sache s heraus!"!

Auch diese Operation ist zulässig und in der Rechtswissenschaft bekannt[47].

In den obigen Beispielen sind die Rechtssätze stark vereinfacht wiedergegeben. Schriebe man sie vollständig aus, so wären sie unübersicht-
lich und die logischen Operationen nur schwer prüfbar. Hinzu käme, daß
ihre Grammatik zu Mißverständnissen Anlaß gäbe, auch wenn sie, wie
in den Beispielen, der Syntax der Quantorenlogik schon angenähert
wäre. Bei deskriptiven Sätzen lassen sich solche Schwierigkeiten durch
Symbolisierung mit den Zeichen der Quantorenlogik beheben. Es gibt
aber bisher kein System der Logik präskriptiver Sätze von vergleich-
barer Leistungsfähigkeit. Rescher verwendet zwar Symbole, darunter

---

[47] *Engisch:* Logische Studien, a.a.O., p. 17.

3 Keuth

sind aber keine Quantoren. Wenn die Zeichen der Quantorenlogik so ergänzt werden, daß Imperative ausdrückbar sind, können die Rechtssätze mit diesen Zeichen symbolisiert werden. Die Zulässigkeit von Operationen mit präskriptiven Sätzen kann allerdings nicht an Hand der Axiome oder Schlußregeln der Quantorenlogik entschieden werden. Solche Entscheidungen müssen aus der Logik der Imperative übernommen werden. Operationen mit präskriptiven Sätzen, welche die Regeln der Quantorenlogik nicht zulassen, werden nicht benötigt. Diese Regeln lassen aber Operationen zu, die, mit präskriptiven Sätzen ausgeführt, Fehlschlüsse bedeuten. Ihre Anwendung auf präskriptive Sätze muß deshalb durch eine Metaregel eingeschränkt werden.

Mit den folgenden Ergänzungen eignet sich die Quantorenlogik als Logik der Rechtsnormen:

1. Als außerlogische Zeichen werden zusätzlich Prädikate zugelassen, die präskriptiv (imperativisch) interpretierbar sind. Sie werden durch ein vorangestelltes "!" gekennzeichnet[48].

2. Auf Formeln, die präskriptive Atomformeln enthalten, dürfen die Regeln der Universal-Spezifikation und der Universal-Generalisierung sowie des modus ponens angewandt werden. Ferner dürfen sie mit deskriptiven Formeln konditionalisiert werden. Ihre deskriptiven Bestandteile dürfen nach den Regeln der Quantorenlogik umgeformt werden. Alle anderen Operationen sind ausgeschlossen.

Diese Metaregel über den Gebrauch von Schlußregeln ist sehr restriktiv. Die nach ihr zulässigen Schlüsse reichen jedoch für die Logik der Rechtsnormen völlig aus, zumal mit rein deskriptiven Sätzen und den deskriptiven Bestandteilen der präskriptiven alle bekannten Operationen erlaubt bleiben. Insbesondere sind in dem durch diese Regel ad hoc geschaffenen logischen System die drei oben erwähnten Schlüsse möglich. Zur Darstellung ihrer Schritte eignen sich aber einfachere Sätze, wie sie sich bei Rescher als Beispiele für gültige Schlüsse mit Imperativen finden, besser. So läßt

$$,X, \text{ do } A \text{ whenever } P!!'$$
$$P \text{ now}$$

$$\overline{}$$

$$,X, \text{ do } A \text{ now}!'$$

sich in der Form

$$(i)\ (Pi \supset !Ai)$$
$$Pa$$

$$\overline{}$$

$$!Aa$$

---

[48] Das Ausrufezeichen kann als ein präskriptiver Operator betrachtet werden, der an das Prädikat gebunden ist.

wiedergeben. Dabei ist „i" eine Variable für Zeitpunkte und „a" eine Konstante für „jetzt". Die einzelnen Schritte dieses Schlusses entsprechen völlig denen mit einem sonst gleichartigen deskriptiven Satz[49].

	präskriptiv	deskriptiv	
(1)	$(i)\,(Pi \supset !Ai)$	$(i)\,(Pi \supset Ai)$	Prämisse
(2)	Pa	Pa	Prämisse
(3)	$Pa \supset !Aa$	$Pa \supset Aa$	1, Regel der Universal-Spezifikation
(4)	$!Aa$	Aa	2, 3, modus ponens

Entsprechend erhält

die Form

$$\frac{\begin{array}{l} ,X,\text{ do } A \text{ whenever } P!!\text{'} \\ \text{Whenever } Q, \text{ then } P \end{array}}{,X,\text{ do } A \text{ whenever } Q!!\text{'}}$$

$$\frac{\begin{array}{l} (i)\,(Pi \supset !Ai) \\ (i)\,(Qi \supset \ Pi) \end{array}}{(i)\,(Qi \supset !Ai)}$$

Die einzelnen Schritte sind:

(1)	$(i)\,(Pi \supset !Ai)$	Prämisse
(2)	$(i)\,(Qi \supset \ Pi)$	Prämisse
(3)	$Pi \supset !Ai$	1, Regel der Universal-Spezifikation
(4)	$Qi \supset \ Pi$	2, Regel der Universal-Spezifikation
(5)	Qi	i, Prämisse
(6)	Pi	i, 4, 5, modus ponens
(7)	$!Ai$	i, 3, 6, modus ponens
(8)	$Qi \supset !Ai$	5, 7, Entfernung der Prämisse (5)
(9)	$(i)\,(Qi \supset !Ai)$	8, Regel der Universal-Generalisierung

Rescher geht auf Konditionalsätze mit präskriptivem Antecedens nicht ein. Schlüsse der dritten oben angeführten Art lassen sich nicht anhand seiner Kriterien als gültig erweisen. Die hier vorgeschlagene Metaregel jedoch läßt sie zu. Sie muß deshalb nicht verworfen werden. Die Vorstellung, die Konklusion auch dieses Schlusses sei von seinen Prämissen impliziert, ist durchaus plausibel. Er wird aber in der vorliegenden

---

[49] Die Allgemeinheit der Sätze (1) wird hier durch einen Allquantor ausgedrückt, der eine Variable für Zeitpunkte bindet. In anderen Sätzen kann das durch entsprechende Bindung anderer Variabler geschehen, etwa für Personen oder Sachen.

Arbeit nicht weiter benötigt und könnte durch die Bedingung, daß präskriptive Formeln nicht im Antecedens eines Konditionalsatzes vorkommen dürfen, leicht ausgeschlossen werden[50]. Die Schritte dieses Schlusses sind denen des vorhergehenden völlig analog.

(1)	$(i)\,(!Pi \supset !Ai)$		Prämisse
(2)	$(i)\,(Qi \supset !Pi)$		Prämisse
(3)	$!Pi \supset !Ai$		1, Regel der Universal-Spezifikation
(4)	$Qi \supset !Pi$		2, Regel der Universal-Spezifikation
(5)	Qi		i, Prämisse
(6)		$!Pi$	i, 4, 5, modus ponens
(7)		$!Ai$	i, 3, 6, modus ponens
(8)	$Qi \supset !Ai$		5, 7, Entfernung der Prämisse (5)
(9)	$(i)\,(Qi \supset !Ai)$		8, Regel der Universal-Generalisierung

Die Logik der Rechtsnormen könnte prinzipiell auf alle Schlüsse verzichten, deren Konklusionen generelle Sätze sind. Voraussetzung dazu wäre, daß das gesamte Recht in Gestalt vollständiger Rechtssätze kodifiziert wäre, die alle Bedingungen der Anweisungen an Richter und ggf. auch an Rechtsgenossen voll ausgeschrieben enthalten.

---

[50] Die Bildung eines Konditionalsatzes ist von der Konditionalisierung eines Satzes zu unterscheiden. Die Konditionalisierung ist ein logischer Schluß. Die Metaregel schließt bereits die Konditionalisierung mit präskriptiven Formeln aus, läßt aber die Bildung von Konditionalsätzen mit präskriptiven Antecedentes noch zu.

3. Die Rechtmäßigkeit von Urteilen

Obwohl in den kontinentaleuropäischen Ländern nach dem Ausscheiden der Freirechtslehre weitgehend die gleichen Vorstellungen vom Ausmaß der Bindung des Richters an die Normen des Gesetzes und des Gewohnheitsrechts herrschen, hat die Rechtswissenschaft noch kein allgemein akzeptierbares Kriterium der Rechtmäßigkeit von Urteilen entwickelt. Der Richter gilt allgemein als verpflichtet, das Recht auf den ihm zur Entscheidung vorliegenden Sachverhalt anzuwenden. Der Inhalt dieser Verpflichtung ist aber nicht geklärt[51].

Einen Anhaltspunkt für die Untersuchung der Anforderungen an ein Urteil bietet die gesetzliche Verpflichtung des Richters, sein Urteil zu begründen, indem er einen Zusammenhang zwischen mindestens einer Rechtsnorm und dem Urteil herstellt. Überwiegend wird verlangt, der Zusammenhang solle von der Art einer logischen Ableitbarkeitsbeziehung sein[52]. Es wird aber auch die Ansicht vertreten, die Urteilsbegründung bedürfe spezifisch juristischer Argumentationsweisen[53].

Die Beziehung der logischen Ableitbarkeit kann nur zwischen Sätzen bestehen. Ableitbar kann also nicht der Vorgang sein, der darin besteht, ein Urteil zu fällen, sondern nur Sätze, die zu sprechen zum Vorgang „ein Urteil fällen" gehört, oder die sich auf diesen Vorgang beziehen. Andererseits wird mit dem Prozeß der Ableitung das Urteil noch nicht gefällt. Das geschieht vielmehr, jedenfalls nach deutschem Recht, beim Kollegialgericht durch Beratung und Abstimmung und beim Alleinrichter durch seinen Entschluß[54]. „Wird also behauptet, das Urteil sei ein Syllogismus, so ist dies" nicht nur, wie Brusiin schreibt, „eine überaus starke Vereinfachung", sondern falsch[55].

---

[51] MacCallum hat im Stil der Wittgensteinschen Sprachanalyse den juristischen Gebrauch von „to apply a rule" untersucht, der dem von „eine Rechtsnorm anwenden" weitestgehend entsprechen dürfte. *Gerald C. MacCallum Jr.:* On applying rules, Theoria XXXII, 1966, p. 196 - 210.

[52] *Larenz:* Methodenlehre, a.a.O., p. 196.

[53] „Cette motivation (du judgement, H. K.) n'est pas contraignante, car elle ne résulte pas d'un raisonnement purement démonstratif, mais d'une argumentation." ... „C'est que, en droit, l'on ne se contente pas de déduire mais on argumente et toute étude du raisonnement et de la preuve en droit qui négligerait cette situation, ignorerait ce qui fait le spécificité de la logique juridique." *Chaim Perelman:* Logique formelle, logique juridique, Logique et Analyse III 1960, p. 229.

[54] §§ 192 ff. GVG; *Lent-Jauernig:* Zivilprozeßrecht, 10. Aufl., München u. Berlin 1961, p. 162.

[55] *Brusiin,* Otto: Das Deduktive im Juristischen Denken, Archiv für Rechts- und Sozialphilosophie (ARSP), 39, 1951, p. 329.

Die Interpretation der Rechtssätze als generelle konditionalisierte, an den Richter adressierte Imperative erlaubt, aus einer Rechtsnorm und einer Sachverhaltsbeschreibung, die das Vorliegen von deren Anfangsbedingungen behauptet, die Anweisung abzuleiten, ein bestimmtes Urteil zu fällen. Bei dieser Interpretation der Rechtsnormen kann ein Urteil als hinreichend begründet gelten, wenn der Richter darlegt, daß die Anweisung das Urteil zu fällen aus einer Satzklasse ableitbar ist, die (geltende) Rechtsnormen enthält, und die Rechtsnormen zu dieser Ableitung erforderlich sind.

Eine Anzahl von Autoren halten eine solche Rechtfertigung eines Urteils für nicht ausreichend, um seine Rechtmäßigkeit zu sichern. Sie verlangen vielmehr, daß es auf bestimmte Weise entdeckt wird. Nur wenn das der Fall ist, sprechen sie von der Anwendung einer Rechtsnorm auf den beurteilten Sachverhalt[56]. So wendet Engisch sich gegen Isays in „Rechtsnorm und Entscheidung" (1929) dargelegte Ansicht „der Jurist, insbesondere der Richter, begründe zwar nach außen hin seine konkrete Sollensentscheidung aus dem Gesetz und genüge damit scheinbar dem Prinzip der Gesetzmäßigkeit der Rechtspflege, aber er finde häufig, ja meistens, seine Entscheidung auf ganz andere Weise, nämlich intuitiv, instinktiv, aus dem Rechtsgefühl, aus der praktischen Vernunft, dem gesunden Menschenverstand. Die Begründung der Entscheidung aus der abstrakten Norm habe nur sekundäre Bedeutung, sie rationalisiere nachträglich die an sich irrationale Entscheidung und übe insofern allenfalls eine gewisse Kontrollfunktion aus. Diesen Standpunkt können wir jedoch nicht gelten lassen. Welche Rolle immer die irrationalen Quellen der richterlichen Urteilsfindung spielen mögen, der Richter kann vor seinem Amt und seinem Gewissen nur eine solche Entscheidung verantworten, die er aus dem Gesetz begründen und d. h. ableiten kann. Insofern sind Findung und Begründung der Entscheidung keine Gegensätze. Die dem Richter gestellte Aufgabe heißt: Findung einer durch das Gesetz begründeten Entscheidung"[57].

Gegen Isays Aussagen über die Weise, in der Richter zu ihren Urteilen gelangen, ist Engischs Appell an das richterliche Gewissen sicher kein Einwand. Mit Vorschriften für ein Verhalten kann man Aussagen über

---

[56] *MacCallum:* On Applying Rules, a.a.O., p. 196 ff. „ . . . daß der Richter nur das als seine Entscheidung aussprechen — und damit zur Geltung bringen — *soll,* was er zuvor in der *Anwendung* der Norm auf den von ihm zu beurteilenden Sachverhalt, als durch die Norm gefordert, als ‚rechtens' *erkannt* hat." *Larenz:* Methodenlehre, a.a.O., p. 195, Hervorhebung im Original. — a. A. Kantorowicz: „The question chiefly interesting the judge is whether the decision he wants to give can be *justified* as a consequence of the particular statute, or at least as being compatible with its consequences." *Hermann Kantorowicz:* Some Rationalism about Realism, Yale Law Journal, 43, 1933/34, p. 1249, Hervorhebung von mir.

[57] *Engisch:* Einführung, a.a.O., p. 49.

ein faktisches Verhalten nicht widerlegen. Treffen aber Isays Feststellungen zu, so verletzen die Richter in den meisten Fällen ihre Verpflichtung, das Recht auf die Sachverhalte anzuwenden und ihre Urteile müßten als unzulässig abgelehnt werden. Tatsächlich geschieht das aber nicht. Das läßt vermuten, daß nicht ernsthaft versucht wird, diese Forderung durchzusetzen. Der Versuch würde auch auf erhebliche Schwierigkeiten stoßen, denn anhand des Urteils und der Urteilsbegründung läßt sich allenfalls feststellen, daß keine Ableitung stattgefunden hat oder daß sie falsch war, dann nämlich, wenn keine Rechtsnorm oder nur eine andere als die in der Urteilsbegründung angegebene die Ableitung der Urteilsanweisung erlaubt. Ob die Ableitung zur Entdeckung des Urteils führt oder nur zu seiner Kontrolle dient, kann auf die Rechtmäßigkeit des Urteils keinen Einfluß haben, sofern die Ableitung vor seiner Verkündung erfolgt.

Am Beispiel eines Schiedsrichters illustriert MacCallum die Möglichkeit, einer Regel in dem Sinne zu folgen, daß systematisch und nicht nur zufällig regelkonforme Entscheidungen getroffen werden, ohne über die Anwendbarkeit der Regel zu reflektieren. Auch Richter finden in vielen Fällen das regelkonforme Urteil ohne vorherige Reflexion[58]. Die Forderung, daß Urteile nicht nur den Rechtsnormen zu entsprechen haben, sondern darüber hinaus auch durch Reflexion über deren Anwendbarkeit, die ggf. eine logische Ableitung involviert, gefunden sein müssen, führt zu der absurden Konsequenz, daß Richter immer dann nicht pflichtgemäß entscheiden können, wenn ihnen gleich das richtige Urteil einfällt, wohl aber dann, wenn es ihnen Mühe macht, das Urteil zu finden oder, wenn ihnen zunächst ein falsches Urteil einfällt und sie durch Reflexion schließlich das richtige entdecken.

Für die Ableitung einer konkreten Urteilsanweisung aus einer Rechtsnorm und einem Satz, der das Vorliegen ihrer Anfangsbedingungen behauptet, wurde bereits ein Beispiel gegeben[59]. Wann entspricht aber ein Urteil der Anweisung „fälle das Urteil: ‚b gib dem a die Sache s_1 heraus!'"? Notwendige Bedingung dafür ist, daß das Urteil sich mit dem Satz „das Urteil: ‚b gib dem a die Sache s_1 heraus!' wird gefällt" beschreiben läßt. Rescher nennt einen solchen Satz „command termination", „Befehls-Beendigung". Ein Imperativ ist beendet, wenn ein Satz wahr ist, der behauptet, daß die gebotene Handlung geschehen oder der anzustrebende Erfolg herbeigeführt ist. Für den Aufbau einer Logik der Imperative ist der Begriff „Befehls-Beendigung" weit fruchtbarer als der Begriff „Gehorsam", weil logische Beziehungen zwischen Imperativen sich anhand der logischen Beziehungen zwischen ihren Beendigungen klären lassen und diese Beziehungen mit der bekannten extensio-

---

[58] *MacCallum:* On Applying Rules, a.a.O., p. 202 f.
[59] S. o., p. 31, 32.

nalen Logik zu bewältigen sind[60]. Das Urteil muß also den angeordneten
Tenor haben. Mit dem Ergehen dieses Urteils ist der rechtliche Erfolg,
der mit der als Prämisse zur Ableitung herangezogenen Rechtsnorm
angestrebt wird, die Restitution der rechtmäßigen Besitzverhältnisse,
vorbereitet. Entweder gibt b unter dem Eindruck der drohenden Zwangsvollstreckung die Sache s_1 selber heraus oder sie wird ihm weggenom-
men und dem a übergeben. Ein etwa vorhandener Wille des Richters,
der Anweisung zu gehorchen, trägt über das Urteil hinaus sicher nicht
zur Verwirklichung des angestrebten rechtlichen Erfolges bei. Der Erfolg ist aber immer dann vorbereitet, wenn die Anweisung beendet ist.
Um seinetwillen braucht deshalb die Rechtmäßigkeit eines Urteils nicht
vom Gehorsam des Richters abhängig gemacht werden.

Für die korrekte Anwendung einer Rechtsnorm bzw. die Rechtfertigung eines Urteils läßt sich nun folgendes Kriterium formulieren:

> Eine Rechtsnorm ist konkret angewendet, wenn aus ihr zusammen
> mit einer Sachverhaltsbeschreibung eine konkrete Urteilsanweisung
> ableitbar ist und ein Urteil ergeht, dessen Beschreibung die Urteils-
> anweisung beendet, bzw. ein Urteil ist gerechtfertigt, wenn seine Be-
> schreibung eine Urteilsanweisung beendet, die aus einer Rechtsnorm
> zusammen mit einer Sachverhaltsbeschreibung ableitbar ist.

---

[60] *Rescher:* The Logic of Commands, a.a.O., Ch. V, The Concept of Command
Termination, p. 52 ff.

4. Der logische Charakter der eingeschobenen Terme

Der logische Charakter eingeschobener Terme kann nur geklärt werden, indem der Gebrauch von Rechtssätzen, die solche Terme enthalten, zur Entscheidung von Fällen untersucht wird. Bei der Symbolisierung von Rechtssätzen in der durch den Zweck der Lösung eines Falles gebotenen Ausführlichkeit entstehen z. T. so umfangreiche Ausdrücke, daß die mit ihnen ausgeführten logischen Operationen nur noch schwer zu überblicken sind. Zudem wird die Ökonomie, die der Gesetzgeber durch die Verwendung eingeschobener Terme bei der Formulierung von Gesetzen erzielte, erst an einer größeren Anzahl von Rechtssätzen sichtbar, die den gleichen eingeschobenen Term enthalten, aber die Entscheidung unterschiedlicher Arten von Fällen regeln. Deshalb ist es zweckmäßig, nicht mit der eingehenden Analyse der Lösung eines Falles, die alle relevanten Eigenschaften der eingeschobenen Terme erkennen läßt, zu beginnen, sondern sich zunächst anhand vereinfachter und deshalb selbst nicht beweiskräftiger, streng genommen sogar falscher, Beispiele eine Vorstellung von den wichtigsten Eigenschaften dieser Terme zu machen.

Bei Alf Ross findet sich eine kurze, gut verständliche Analyse der Funktion eingeschobener Terme[61]. Sie läßt erkennen, warum eingeschobene Terme keine eigene sprachliche Bedeutung zu haben brauchen und welche Vereinfachung der Darstellung einer rechtlichen Regelung ihre Verwendung erlaubt. Ross setzt voraus, daß Rechtsnormen letztlich als Direktiven an den Richter interpretiert werden müssen und deshalb in der Formel ausgedrückt werden können:

D (wenn F, dann C). Die Formel symbolisiert die Direktive an den Richter, daß, wenn F gegeben ist, sein Urteil C sein soll. Wenn alle Rechtsnormen entsprechend diesem einfachen Muster formuliert wären, müßten wir eine Anzahl von Normen verwenden wie die folgenden:

D_1 Wenn jemand durch Einigung und Übergabe eine bewegliche Sache erworben hat, soll zu seinen Gunsten ein Urteil auf Herausgabe der Sache gegen deren Besitzer ergehen[62].

---

[61] *Alf Ross:* Definition in Legal Language, Logique et Analyse, I 1958, p. 139 - 149. Der wichtigste Ausschnitt daraus ist in „On Law and Justice", Berkeley 1959 im § 35 „The Right as a Technical Tool of Presentation" fast wörtlich wieder abgedruckt.
[62] Die Formulierung des Rechtssatzes ist hier dem deutschen bürgerlichen Recht angepaßt.

D_2 Wenn jemand eine Sache geerbt hat, soll ein Urteil auf Schadensersatz zugunsten des Erben gegen andere Personen ergehen, die die
Sache schuldhaft beschädigen[63].

„Solch eine Formulierung und Darstellung des geltenden Rechts wäre
jedoch so unhandlich, daß sie praktisch wertlos wäre[64]. Es ist die Aufgabe rechtswissenschaftlichen Denkens[65], die Rechtsnormen begrifflich
so zu fassen, daß sie in eine systematische Ordnung gebracht werden
und dadurch eine Aufzeichnung des geltenden Rechts zu geben, die so
klar und bequem wie möglich ist. Das läßt sich mit Hilfe der folgenden
Darstellungstechnik erreichen.

Unter einer großen Zahl von Rechtsnormen der angedeuteten Art findet sich eine bestimmte Gruppe, die wie folgt angeordnet werden kann:

$$F_1-C_1, \; F_2-C_1, \; F_3-C_1, \; \ldots \; F_p-C_1$$
$$F_1-C_2, \; F_2-C_2, \; F_3-C_2, \; \ldots \; F_p-C_2$$
$$F_1-C_3, \; F_2-C_3, \; F_3-C_3, \; \ldots \; F_p-C_3$$
$$\cdot \quad\quad \cdot \quad\quad \cdot \quad\quad\quad \cdot$$
$$\cdot \quad\quad \cdot \quad\quad \cdot \quad\quad\quad \cdot$$
$$\cdot \quad\quad \cdot \quad\quad \cdot \quad\quad\quad \cdot$$
$$F_1-C_n, \; F_2-C_n, \; F_3-C_n, \; \ldots \; F_p-C_n$$

(Lies: die bedingte Tatsache F_1 ist mit der Rechtsfolge C_1 verbunden,
etc.), was bedeutet, daß jede einzelne aus einer bestimmten Menge be-
dingter Tatsachen (F_1-F_p) mit jeder einzelnen aus einer bestimmten
Menge von Rechtsfolgen (C_1-C_n) verbunden ist; oder, daß jedes einzelne F mit derselben Gruppe von Rechtsfolgen verbunden ist $(C_1 + C_2$
$+ \ldots + C_n)$, oder, daß eine kumulative Mehrheit von Rechtsfolgen mit
einer disjunktiven Mehrheit bedingender Fakten verbunden ist.

Diese $n \times p$ einzelnen Rechtsnormen können einfacher und handlicher
in der Form dargestellt werden:

$$
\left.
\begin{array}{l}
F_1 \supset \\
F_2 \supset \\
F_3 \supset \\
\cdot \\
\cdot \\
\cdot \\
F_p \supset
\end{array}
\right\} E \supset
\left\{
\begin{array}{l}
C_1 \\
C_2 \\
C_3 \\
\cdot \\
\cdot \\
\cdot \\
C_n
\end{array}
\right.
$$

---

[63] D1 und D2 enthalten ebenso wie die drei weiteren Rechtsnormen, die
Ross noch anführt, nicht alle Bedingungen des von ihnen angeordneten Urteils.
Sie sind also unvollständig. Alle prozeßrechtlichen und ein Teil der zivilrechtlichen Bedingungen fehlen, so bei D1, daß der Besitzer kein Recht zum Besitz
hat (§ 986 BGB).
[64] Wörtliche Übersetzung von mir aus „Definition in Legal Language", p. 143,
144, 145.
[65] Im Gesetz sind die Rechtsnormen schon in der gemeinten systematischen
Ordnung dargestellt. Ihre Formulierung ist also schon ein Ergebnis des rechts-

wobei E (Eigentum) lediglich für den systematischen Zusammenhang steht, daß F_1 ebenso wie F_2, F_3 ... F_p die Gesamtheit der Rechtsfolgen C_1, C_2, C_3 ... C_n nach sich ziehen. Als ein Mittel der Darstellung wird das ausgedrückt, indem in einer Serie von Normen die Fakten niedergelegt werden, die „Eigentum begründen" und in einer anderen Serie die rechtlichen Folgen, die Eigentum nach sich zieht.

Daraus wird klar werden, daß das zwischen den bedingenden Tatsachen und den bedingten Folgen eingeschobene „Eigentum" in Wirklichkeit ein Wort ohne jeden semantischen Bezug ist, das nur als Mittel der Darstellung dient. Wir reden, als ob „Eigentum" ein kausales Glied zwischen F und C wäre, ein Effekt, hervorgerufen oder „geschaffen" durch jedes F, der seinerseits Ursache einer Gesamtheit rechtlicher Konsequenzen ist. Wir sagen zum Beispiel, daß:

(1) Wenn jemand durch Einigung und Übergabe eine bewegliche Sache erworben hat, für ihn Eigentum an der Sache entsteht[62].

(2) Wenn jemand der Eigentümer einer Sache ist, er unter anderem einen Anspruch auf Herausgabe der Sache hat.

Es ist jedoch klar, daß (1) + (2) nur eine andere Formulierung einer der vorausgesetzten Normen ($F_2 - C_1$) ist, nämlich, daß Einigung und Übergabe als bedingende Tatsachen den Herausgabeanspruch als rechtliche Folgen nach sich ziehen[62]. Die Vorstellung, daß zwischen Einigung und Übergabe und der Möglichkeit auf Herausgabe zu klagen irgend etwas ‚geschaffen' wurde, das als ‚Eigentum' bezeichnet werden kann, ist Unsinn. Nichts wird ‚geschaffen' indem A und B ein paar Sätze austauschen, die rechtlich als ‚Einigung' interpretiert werden und B dem A die Sache übergibt[62]. Alles was geschehen ist, ist, daß der Richter diese Tatsache jetzt in Betracht ziehen und bei einer Klage auf Herausgabe ein Urteil zugunsten des Erwerbers fällen wird.

Ich glaube, diese Analyse erklärt die spezifische Funktion eines Terminus wie ‚Eigentum' (und anderer Termini, die subjektive Rechte bezeichnen): er ist ein systematischer oder logischer Terminus, der nicht dazu dient, eine Tatsache, Eigenschaft, Relation, ein Ereignis oder einen Prozeß gleich welcher Art zu bezeichnen, sondern ausschließlich die systematische Verbindung zwischen einer disjunktiven Mehrheit bedingender Tatsachen und einer kumulativen Mehrheit rechtlicher Folgen, wie oben ausgeführt."

Die Funktion des Terminus „Eigentum" wird noch deutlicher, wenn man Rechtssätze wie (1) und (2) symbolisiert und daraus Direktiven wie D_1 logisch ableitet. Der Rechtssatz (1) „Wenn jemand durch Einigung und Übergabe eine bewegliche Sache erworben hat, entsteht dadurch für

---

wissenschaftlichen Denkens, das für das BGB von seinen „Vätern" geleistet wurde.

ihn Eigentum an der Sache" möge ausgedrückt werden durch (x) $(F_1x \supset Ex)$. Dabei steht „F_1x" für den Umstand, daß x an einer Einigung über den Übergang des Eigentums an einer Sache und an der Übergabe dieser Sache in der Rolle des Erwerbs beteiligt war und „Ex" für den Umstand, daß x Eigentum hat. Eigentlich müßte „Ex" für den Umstand stehen, daß x Eigentum erwirbt und für den Umstand, daß x Eigentum hat, müßte ein weiteres Prädikat eingeführt werden. Der Rechtssatz (2) „Wenn jemand Eigentümer einer Sache ist, hat er Anspruch auf Herausgabe der Sache" möge ausgedrückt werden durch: (x) $(Ex \supset !C_1x)$. Dabei hat „Ex" die gleiche Bedeutung wie oben und „$!C_1x$" steht für die aus dem Anspruch sich ergebende Anweisung an den Richter, zugunsten des x ein Urteil auf Herausgabe der Sache zu sprechen. Die übrigen eigentumsrechtlichen Vorschriften mögen angedeutet sein durch (x) $(F_2x \supset Ex)$, (x) $(F_3x \supset Ex)$ und (x) $(Ex \supset !C_2x)$, bzw. (x) $(Ex \supset !C_3x)$. Die gesamte Regelung des Eigentumsrechts kann dann in Form der Konjunktion

$$(1) \qquad (x)\,(F_1x \supset Ex) \quad . \; (x)\,(F_2x \supset Ex) \quad . \; (x)\,(F_3x \supset Ex)$$
$$. \; (x)\,(Ex \supset !C_1x) \quad . \; (x)\,(Ex \supset !C_2x) \quad . \; (x)\,(Ex \supset !C_3x)$$

dargestellt werden. Zur Begründung eines Urteils müssen nun immer je zwei der in (1) zusammengefaßten Rechtssätze verwandt werden und zwar je einer aus der ersten und einer aus der zweiten Zeile, also jeweils ein Rechtssatz über die Entstehung (und den Bestand) von Eigentum und einer über Rechtsfolgen aus dem Eigentum. Angenommen, ein Kläger macht einen Herausgabeanspruch geltend. Er kann sich dabei auf (x) $(Ex \supset !C_1x)$ stützen. Dazu muß er aber Eigentümer sein. Ob er das ist, kann nur festgestellt werden, indem ermittelt wird, ob er Eigentum gemäß den Bestimmungen eines Rechtssatzes über Eigentumserwerb erworben hat. (Darüber hinaus muß, was hier nicht berücksichtigt wird, festgestellt werden, ob er es nicht zwischen dem Zeitpunkt des Erwerbs und dem der Geltendmachung des Anspruchs wieder verloren hat.) Es möge sich herausstellen, daß er durch Einigung und Übergabe Eigentum erworben hat. Dieser Sachverhalt wird durch „F_1a" ausgedrückt. Dabei ist „a" der Name des Erwerbers. In diesem Fall ist (x) $(F_1x \supset Ex)$ anwendbar. Aus (x) $(F_1x \supset Ex)$ und (x) $(Ex \supset !C_1x)$ ist zunächst (x) $(F_1x \supset !C_1x)$ ableitbar[66]. Das entspricht D_1 „Wenn jemand durch Einigung und Übergabe eine bewegliche Sache erworben hat, soll zu seinen Gunsten ein Urteil auf Herausgabe der Sache gegen den Besitzer der Sache ergehen!" Aus D_1 und „F_1a" ist die spezielle Urteilsanweisung „$!C_1a$" ableitbar[67].

Kombiniert man jeden der p Sätze über Eigentumserwerb mit jedem der m Sätze über Rechtsfolgen aus dem Eigentum und leitet jeweils

---

[66] s. o., p. 35.
[67] s. o., p. 34, 35.

einen „vollständigen" Rechtssatz ab, so erhält man die $p \times m$ Rechtssätze:

(2) $\qquad (x)\,(F_1 x \supset !C_1 x) \qquad . \; (x)\,(F_2 x \supset !C_1 x) \qquad . \; (x)\,(F_3 x \supset !C_1 x)$

$\qquad . \; (x)\,(F_1 x \supset !C_2 x) \qquad . \; (x)\,(F_2 x \supset !C_2 x) \qquad . \; (x)\,(F_3 x \supset !C_3 x)$

$\qquad . \; (x)\,(F_1 x \supset !C_3 x) \qquad . \; (x)\,(F_2 x \supset !C_3 x) \qquad . \; (x)\,(F_3 x \supset !C_3 x)$

Da zur Begründung von Urteilen immer Rechtssätze über Eigentumserwerb mit solchen über Rechtsfolgen aus dem Eigentum kombiniert werden müssen, was bedeutet, daß keine Implikationen der Sätze in (1) benötigt werden, die nicht auch Implikationen der Sätze in (2) sind, kann man sagen, daß die Sätze in (1) nur eine andere Formulierung der Sätze in (2) sind, obwohl (1) und (2) nicht logisch äquivalent sind.

In (2) kommt der Terminus „Eigentum" nicht mehr vor. Weil er hier entbehrlich ist, braucht er auch dann keine Bedeutung zu haben, wenn er, wie in (1), benutzt wird. Es braucht keine semantische Regel zu geben, die seine Bedeutung festlegt. Sie wäre überflüssig. Daraus läßt sich aber nicht schließen, daß „Eigentum" keine Bedeutung hat, d. h. daß es niemanden gibt, der mit einer semantischen Regel diesem Terminus eine Bedeutung verleiht. Ebenso wenig läßt sich auf Grund dieser Indizien behaupten, daß es eine Entität „Eigentum", die bei Realisierung der Bedingungen der Eigentumserwerbs entstünde, nicht gibt. Diese Aussage ist nicht weniger metaphysisch als die Behauptung, es gebe eine solche Entität.

Der Gesetzgeber hat aber die Direktiven des Eigentumsrechts noch weiter zerlegt, als in dem obigen Beispiel zum Ausdruck kommt. Er hat nicht Rechtssätze formuliert, welche die Bedingungen angeben, unter denen jemand Eigentümer einer Sache ist, sondern Rechtssätze, die festlegen, wann er Eigentum erwirbt und solche, die festlegen, wann er es verliert. Hat jemand Eigentum an einer Sache erworben und es nicht wieder verloren, so ist er deren Eigentümer. An Stelle von „Ex" in (1) sind drei Prädikate erforderlich: „EEx": x erwirbt Eigentum; „VEx": x verliert Eigentum und „HE": x hat Eigentum, um die Sätze des Eigentumsrechts zu formulieren. Sie können angedeutet werden durch:

$\qquad (x)\,(F_1 x \supset EEx) \; . \; (x)\,(F_2 x \supset EEx) \; . \; (x)\,(F_3 x \supset EEx)$

als Sätze über Eigentumserwerb,

$\qquad (x)\,(F_4 x \equiv VEx)$

als Satz über Eigentumsverlust — seine Form kann erst später begründet werden — und

$\qquad (x)\,(HEx \supset !C_1 x) \; . \; (x)\,(HEx \supset !C_2 x) \; . \; (x)\,(HEx \supset !C_3 x)$

als Sätze über Rechtsfolgen aus dem Eigentum. Dazu kommt eine Definition des Prädikates „HEx":

$$HEx \equiv EEx \; . \sim VEx$$

die ebenso gut als genereller Satz geschrieben werden kann.

Aus je einem Rechtssatz über Eigentumserwerb und einem über Rechtsfolgen aus dem Eigentum ist zusammen mit dem Rechtssatz über Eigentumsverlust und der Definition ein vollständiger, zur Begründung eines Urteils ausreichender Rechtssatz ableitbar, der keines der Prädikate „EEx", „VEx" und „HEx" enthält:

(1)	$(x)\,(F_1 x \supset EEx)$		Prämisse
(2)	$(x)\,(F_4 x \equiv VEx)$		Prämisse
(3)	$HEx \equiv EEx \; . \sim VEx$		Prämisse
(4)	$(x)\,(HEx \supset !C_1 x)$		Prämisse
(5)	$(x)\,(EEx \; . \sim VEx \supset !C_1 x)$	3, 4,	Substitution kraft Definition
(6)	$(x)\,(EEx \; . \sim F_4 x \supset !C_1 x)$	2, 5,	Substitution aufgrund Äquivalenz
(7)	$(x)\,(F_1 x \; . \sim F_4 x \supset !C_1 x)$	1, 6,	Gesetz der Transitivität der Implikation

Durch entsprechende Ableitungen aus allen neun möglichen Kombinationen von unvollständigen Rechtssätzen ergeben sich die neun vollständigen Rechtssätze:

(3) $(x)\,(F_1 x \; . \sim F_4 x \supset !C_1 x) \; . \; (x)\,(F_2 x \; . \sim F_4 x \supset !C_1 x)$
$. \; (x)\,(F_3 x \; . \sim F_4 x \supset !C_1 x)$

$(x)\,(F_1 x \; . \sim F_4 x \supset !C_2 x) \; . \; (x)\,(F_2 x \; . \sim F_4 x \supset !C_2 x)$
$. \; (x)\,(F_3 x \; . \sim F_4 x \supset !C_2 x)$

$(x)\,(F_1 x \; . \sim F_4 x \supset !C_3 x) \; . \; (x)\,(F_2 x \; . \sim F_4 x \supset !C_3 x)$
$. \; (x)\,(F_3 x \; . \sim F_4 x \supset !C_3 x)$

Optisch entsteht der Eindruck, daß die weitere Aufgliederung der Sätze über die Bedingungen des Eigentums in solche über Erwerb und solche über Verlust des Eigentums zu einer Komplizierung der vollständigen Sätze des Eigentumsrechts führt. Er wird durch die sehr simple Formulierung der Sätze in (2) hervorgerufen, in denen die gesamten Bedingungen einer Urteilsanweisung durch ein Prädikat ausgedrückt sind. Tatsächlich haben die Sätze in (2) und in (3) denselben Inhalt. Deshalb ist „$F_1 x$" in (2) gleichbedeutend mit „$F_1 x \cdot \sim F_4 x$" in (3).

Rechtssätze, die den abgeleiteten Eigentumserwerb regeln, müßten in Gestalt von Sätzen symbolisiert werden, welche nicht nur im Konsequens „EEx", sondern auch im Antecedens „HEy" enthalten. Zwar kann „HEy" per definitionem durch „$EEy \cdot \sim VEy$" und in diesem Ausdruck wieder „VEy" mit Hilfe des Rechtssatzes über Eigentumsverlust durch „F_4y" ersetzt werden, es läßt sich aber keine bestimmte Zahl von Schritten angeben, mit denen „EEy" in jedem Fall eliminiert werden kann.

5. Symbolisierung eines privatrechtlichen Falles

Die logische Grammatik der Rechtssätze und damit die Funktion und ggf. auch die Bedeutung der in ihnen enthaltenen eingeschobenen Terme ist an Hand der Gesetzestexte allein nicht erkennbar. Es bedarf vielmehr der Untersuchung ihres Gebrauchs zur Entscheidung über Sachverhalte. Alle typischen Aspekte des Gebrauchs eingeschobener Terme sind schon an recht einfachen Fällen erkennbar. Ein solcher, eigentumsrechtlicher Fall wird hier gelöst. Die relevanten Rechtssätze werden im Zuge der Lösung symbolisiert. Dadurch ist eine unmittelbare Kontrolle der Symbolisierung möglich. Die Auslegung der zur Lösung erforderlichen Rechtssätze wird, soweit dadurch die Interpretation der Prädikate betroffen ist, als völlig unproblematisch unterstellt. Der Fall lautet:

Zum Zeitpunkt $t10$ stellt c den Antrag, den d zur Herausgabe der Sache $s1$ an ihn (den c) zu verurteilen. Die Sache wurde dem c z. Z. $t8$ von b übereignet, der sie seinerseits z. Z. $t6$ von a erwarb. Dieser hat die Sache z. Z. $t4$ hergestellt.

Dem Richter obliegt die Prüfung der möglichen „Anspruchsgrundlagen". Zunächst bietet sich ihm § 985 BGB an: „Der Eigentümer kann von dem Besitzer die Herausgabe der Sache verlangen". Dieser Rechtssatz erteilt dem Richter die Anweisung, auf Verlangen zugunsten des Eigentümers ein Urteil auf Herausgabe der Sache gegen den Besitzer zu fällen. Diese Anweisung ist außer von den in § 985 (und § 986) BGB angegebenen materiellrechtlichen Bedingungen auch von prozeßrechtlichen Bedingungen abhängig. Wie es bei der Lösung zivilrechtlicher Fälle üblich ist, werden die prozeßrechtlichen Bedingungen hier vernachlässigt. Lediglich der Klageantrag wird als Erinnerungsposten geführt.

Es ist zweckmäßig, den § 985 BGB vor der vollständigen Symbolisierung in die Gestalt eines Konditionalsatzes zu bringen. Dann läßt sich besser erkennen, welche Prädikate erforderlich sind und welche Eigenschaften diese Prädikate haben müssen. Provisorisch kann § 985 BGB so reformuliert werden: „Wenn x Eigentümer einer Sache s ist und y ihr Besitzer und x und y nicht identisch sind (und x den Antrag stellt, y zur Herausgabe von s an z zu verurteilen) dann fälle das Urteil: ,y gib dem z die Sache s heraus!'!". Die Variable z ist erforderlich, weil der Eigentümer nicht nur die Herausgabe der Sache an sich selber, sondern auch an Dritte verlangen kann. Adressat des als bedingte Urteilsanweisung formulierten § 985 BGB ist der jeweils zuständige Richter. Wer das im einzelnen Fall ist, bestimmt sich nach dem Prozeßrecht, den Geschäftsordnungen der Gerichte und den Umständen des Falles. Dem Prädikat, mit dem die Anweisung an den Richter ausgedrückt wird, könnte man eine Argumentstelle für den Adressaten geben. Da hier das Prozeßrecht nicht berücksichtigt wird, kann auch der Adressat nicht bestimmt werden. Deshalb wird auf diese Argumentstelle verzichtet.

Urteile, die sich auf § 985 BGB stützen, sind Leistungsurteile. Solche Urteile gebieten dem Beklagten, eine bestimmte Handlung vorzunehmen, in diesem Fall, eine Sache herauszugeben. Kommt er diesem Gebot nicht nach, so droht ihm als Sanktion die Zwangsvollstreckung. Der Tenor eines Leistungsurteils wird deshalb zweckmäßig als eine (unbedingte) Anweisung an den Beklagten formuliert. Dementsprechend lautet die Satzformel, mit welcher der Tenor eines Urteils gebildet wird, das sich auf § 985 BGB stützt: „y gib die Sache s an z heraus!". Die Formel für den Tenor wird in dem Rechtssatz nicht gebraucht (Objektsprache), sondern erwähnt (Metasprache). Sie dient dazu, die Art des Urteils zu kennzeichnen, das dem Richter aufgetragen wird. Einschließlich ihres präskriptiven Zeichens gehört sie zum Satzradikal der Urteilsanweisung. Dieser Umstand wird durch Einklammerung kenntlich gemacht. Das Konsequens des § 985 BGB kann demnach so symbolisiert werden:

$$!U \, (!H \, y, s, z) : \text{Fälle das Urteil: „}y\text{ gibt die Sache }s\text{ an }z\text{ heraus!"!}$$

Zum notwendigen Inhalt der Klage gehört ein bestimmter Antrag, aus dem ersichtlich sein muß, welcher Urteilstenor angestrebt wird[68]. Das Prädikat, mit dem der Klageantrag symbolisiert wird, muß deshalb Argumentstellen für die gleichen Arten von Gegenständen haben, wie sie das Prädikat für den Urteilstenor ($!H \, y, s, z$) hat. Um weitere Prädikate zu sparen, mit denen dann die gesamte Klage symbolisiert werden könnte, erhält das Prädikat für den Klageantrag hier zwei weitere Argumentstellen, eine für den Kläger und eine für den Zeitpunkt der Klage. Der Antrag könnte demnach mit dem Prädikat symbolisiert werden:

$$AH \, ti, x, y, s, z : \text{z. Z. } ti \text{ stellt } x \text{ den Antrag, } y \text{ zur Herausgabe der Sache}$$
$$s \text{ an } z \text{ zu verteilen}[69].$$

---

[68] *Lent-Jauernig:* Zivilprozeßrecht, a.a.O., p. 111.

[69] Zeitvariable werden in Gestalt zweier Buchstaben geschrieben, von denen der erste ein „t" ist.

§ 985 BGB bezieht sich nur auf bewegliche Sachen. Die Eigenschaft einer Sache, beweglich zu sein, kann mit dem Prädikat ausgedrückt werden:

BW s : *s* ist beweglich

Eine weitere Bedingung der Urteilsanweisung ist der Besitz des Beklagten an der herausverlangten Sache. Diese Bedingung kann mit dem Prädikat symbolisiert werden:

B ti, y, s : z. Z. *ti* ist *y* Besitzer der Sache *s*.

„Der Besitzer kann die Herausgabe der Sache verweigern, wenn er ... dem Eigentümer gegenüber zum Besitz berechtigt ist." § 986 I 1 BGB stellt eine Ausnahmeregelung zu § 985 BGB dar. Er macht die Urteilsanweisung des § 985 BGB zusätzlich davon abhängig, daß der Besitzer kein Recht zum Besitz hat. Die Symbolisierung der Rechtssätze betreffend diese Rechte zum Besitz — auch das Eigentum ist ein solches Recht — wirft prinzipiell die gleichen Probleme auf wie die der Rechtssätze, die das Eigentum regeln. Die Bedingung des Fehlens eines Rechts zum Besitz kann also noch nicht formuliert werden, bevor das Problem der Symbolisierung des Eigentumsrechts gelöst ist. Sie wird deshalb hier ausgelassen. Ist das Problem gelöst, so bereitet auch die Formulierung dieser Bedingung keine prinzipiellen Schwierigkeiten mehr.

Schließlich hängt die Urteilsanweisung vom Eigentum des Antragstellers an der herausverlangten Sache ab. Es empfiehlt sich, zur Symbolisierung dieser Bedingung zunächst ein Prädikat einzuführen und es dann im Zusammenhang mit dem Gebrauch der Rechtssätze über Erwerb und Verlust des Eigentums sowie über Rechtsfolgen aus dem Eigentum zu diskutieren.

HE ti, x, s : z. Z. *ti* hat *x* Eigentum an der Sache *s*.

Mit den bis jetzt eingeführten Zeichen läßt sich § 985 BGB wie folgt symbolisieren:

(1) $(x, y, z) (ti) (s) (HE\ ti, x, s\ .\ BW\ s\ .\ B\ ti, y, s\ .\ x \neq y$
          $.\ AH\ ti, x, y, s, z \supset\ !U\ (!H\ y, s, z))$

> : für alle *x*, *y*, *z*, *ti* und *s*: wenn *x* z. Z. *ti* Eigentümer von *s* ist und *s* beweglich ist und *y* z. Z. *ti* Besitzer von *s* ist und *x* und *y* nicht identisch sind und *x* z. Z. *ti* den Antrag stellt, *y* zur Herausgabe der Sache *s* an *z* zu verurteilen, dann fälle das Urteil: „*y* gib die Sache *s* an *z* heraus!"!

Der Richter muß nun prüfen, ob die Bedingungen dieser Anspruchsgrundlage erfüllt sind. Im Zivilprozeß bedeutet das in der Regel nicht, daß er eigene Nachforschungen anstellt, er ist vielmehr auf das Vorbringen der Parteien und die von ihnen beigebrachten Beweismittel angewiesen[70]. Z. Z. $t10$ hatte c den Antrag gestellt, den d zur Herausgabe der Sache $s1$ an ihn zu verurteilen. Außerdem möge sich herausstellen, daß z. Z. $t10$ der d Besitzer von $s1$ ist und $s1$ eine bewegliche Sache ist. Dann sind die Sätze (2), (2'), (3) und (4) wahr.

(2) $\qquad\qquad\qquad AH\,t10, c, d, s1, c$

(2') $\qquad\qquad\qquad c \neq d$

(3) $\qquad\qquad\qquad B\,t10, d, s1$

(4) $\qquad\qquad\qquad BW\,s1$

Ob auch „$HE\,t10, c, s1$" wahr ist, d. h. ob z. Z. $t10$ der c Eigentümer von $s1$ ist, bestimmt sich nach einer größeren Anzahl unvollständiger Rechtssätze, von denen die meisten im dritten Titel „Erwerb und Verlust des Eigentums an beweglichen Sachen" §§ 929 - 984 BGB) des dritten Abschnitts des Buches „Sachenrecht" des BGB aufgeführt sind. Diese Rechtssätze machen nicht unmittelbar das Eigentum an einer Sache von Bedingungen abhängig, sondern dessen Erwerb oder Verlust. Ihrem Wortlaut nach kann man die Rechtssätze über Eigentumserwerb und -verlust zunächst in drei Teilmengen gliedern. Eine davon enthält die Sätze, welche nur den Erwerb des Eigentums an einer Sache unter bestimmten Bedingungen vorsehen, wie etwa § 958 (1) BGB: „Wer eine herrenlose bewegliche Sache in Eigenbesitz nimmt, erwirbt das Eigentum an der Sache." Eine andere enthält jene Sätze, die nur den Verlust des Eigentums an einer Sache unter bestimmten Bedingungen vorsehen, wie etwa § 959 I BGB: „Eine bewegliche Sache wird herrenlos, wenn der Eigentümer in der Absicht, auf das Eigentum zu verzichten, den Besitz der Sache aufgibt." Die dritte enthält die Sätze, welche Bedingungen nennen, auf Grund deren eine Person das Eigentum an einer Sache verliert, während gleichzeitig eine andere es aufgrund derselben Bedingungen erwirbt. Zu diesen Sätzen gehört § 929 (1) BGB: „Zur Übertragung des Eigentums an einer beweglichen Sache ist erforderlich, daß der Eigentümer die Sache dem Erwerber übergibt und beide darüber einig sind, daß das Eigentum übergeben soll." In § 929 ist zwar von Übertragung des Eigentums die Rede und nicht von seinem Erwerb und Verlust, aber die Übertragung des Eigentums an einer Sache von einer Person auf eine andere ist gleichbedeutend mit dem Verlust des Eigentums der einen Person an der Sache und dem gleichzeitigen Erwerb des Eigentums an dieser Sache durch die andere Person. (§ 950 BGB regelt den Erwerb des Eigentums einer Person an einer (der neuen) Sache und den gleichzeitigen Verlust des Eigentums einer anderen Person an einer anderen Sache (dem Stoff) und gehört damit sowohl der ersten, als auch der zweiten Gruppe an.)

---

[70] *Lent-Jauernig:* Zivilprozeßrecht, a.a.O., p. 59.

4*

Die Handlungen, von denen Eigentumserwerb oder -verlust abhängen, nehmen einen mehr oder weniger großen Zeitraum ein. Er ist gering bei Einigung und Übergabe, ggf. aber groß bei Verarbeitung. Der Eintritt der „rechtlichen Folge" des Eigentumserwerbs und -verlustes wird aber auf einen Zeitpunkt bezogen. Das ist erforderlich, um Zeiträume auszuschließen, während deren das Eigentum an einer Sache nicht eindeutig bestimmt ist. Damit bei der Übertragung des Eigentums an einer Sache diese nicht zeitweilig herrenlos wird, ein Dritter könnte sie sich dann aneignen, müssen der Eigentumsverlust der einen und der Eigentumserwerb der anderen Person auf denselben Zeitpunkt bezogen werden. Soweit die Übertragung das Eigentum des Veräußerers voraussetzt, muß der Veräußerer zu diesem selben Zeitpunkt noch Eigentümer sein.

Weil es keine Rechtsnormen gibt, die unmittelbar festlegen, wann eine Person Eigentümer einer Sache ist, muß zur Beantwortung dieser Frage jeweils ein Umweg eingeschlagen werden. Soll festgestellt werden, ob c z. Z. $t10$ Eigentümer von $s1$ ist, so muß zunächst ermittelt werden, ob er das Eigentum bis spätestens zum Zeitpunkt $t10$ gemäß den Bestimmungen eines Rechtssatzes, der den Eigentumserwerb regelt, erworben hat. Um den Eigentumserwerb auszudrücken, wird das Prädikat

$EE\ ti, x, s$: z. Z. ti erwirbt x Eigentum an s

eingeführt. Diese Prädikat tritt im Konsequens aller Rechtssätze auf, die den Eigentumserwerb regeln. Sind für c und $s1$ die Bedingungen eines solchen Rechtssatzes etwa für den Zeitpunkt $t8$ erfüllt, so ist aus diesem Rechtssatz zusammen mit den Sätzen, die das Vorliegen seiner Anfangsbedingungen behaupten „$EE\ t8, c, s1$" ableitbar.

Nun muß weiter ermittelt werden, ob c das Eigentum an $s1$ nicht zwischen $t8$ und $t10$ gemäß den Bestimmungen eines Rechtssatzes, der den Eigentumsverlust regelt, wieder verloren hat. Wenn das nicht der Fall ist, hat d z. Z. $t10$ Eigentum an $s1$. Um den Eigentumsverlust auszudrücken, wird entsprechend das Prädikat

$VE\ ti, x, s$: z. Z. ti verliert x Eigentum an s

eingeführt. Die Aufeinanderfolge von Zeitpunkten wird mit den zweistelligen Prädikaten

$th < ti$: th ist früher als ti

und

$th \leqq ti$: th ist früher als oder gleichzeitig mit ti

ausgedrückt. Zur Abkürzung wird „$tg \leqq th . th < ti$" zu „$tg \leqq th < ti$" zusammengezogen. Mit diesen Prädikaten kann der Umstand, daß c sein

Eigentum an $s1$ nicht zwischen $t8$ und $t10$ verloren hat, so ausgedrückt werden:

$$(th) \sim (t8 \leq th < t10 \;.\; VE\, th, c, s1)$$

: es gibt keinen Zeitpunkt zwischen $t8$ und $t10$, zu dem c das Eigentum an $s1$ verloren hätte.

Der Eigentumserwerb einer Person an einer Sache bis zu dem Zeitpunkt, für den ihr Eigentum an dieser Sache festgestellt werden soll, ist zusammen mit dem Ausbleiben des Verlustes des Eigentums dieser Person an dieser Sache zwischen dem Zeitpunkt des Erwerbs und dem, für den das Eigentum festgestellt werden soll, notwendige und hinreichende Bedingung für das Eigentum dieser Person an dieser Sache zu diesem Zeitpunkt. Deshalb ist „HE" durch „EE" und „VE" definierbar:

(5) $HE\, ti, x, s = \text{def} \;.\; (E\, tg)\, (tg < ti \;.\; EE\, tg, x, s$
         $.\; (th) \sim (tg \leq th < ti \;.\; VE\, th, x, s))$

Es ist nicht möglich, „HE" in der Form

(5') $HE\, ti, x, s = \text{def} \;.\; (E\, tg)\, (tg \leq ti \;.\; EE\, tg, x, s$
         $.\; (th) \sim (tg \leq th \leq ti \;.\; VE\, th, x, s))$

zu definieren. Da in Rechtssätzen, welche die Eigentumsübertragung regeln und sie vom Eigentum des Veräußerers abhängig machen, die Formeln, welche das Eigentum des Veräußerers und dessen Verlust ausdrücken, sich auf denselben Zeitpunkt beziehen (s. u. Satz (6)), ließe sich aus einem solchen Rechtssatz, der Definition (5') und Sätzen, die das Vorliegen der Anfangsbedingungen von (6) behaupten (6.2), eine Kontradiktion ableiten. Substituiert man in (6) (s. u. p. 55) mit der Definition (5') für HE, so erhält man (6.1).

(6.1) $(x, y)\, (s)\, (ti)\, ((E\, tg)\, (tg \leq ti \;.\; EE\, tg, x, s \;.\; (th) \sim (tg \leq th \leq ti$
         $.\; VE\, th, x, s))\;.\; BW\, s \;.\; G\, ti, x, y, s \;.\; U\, ti, x, y, s$
         $\supset VE\, ti, x, s \;.\; EE\, ti, y, s)$

(6.2) $EE\, t8, c, s1 \;.\; (th) \sim (t8 \leq th \leq t10$
         $.\; VE\, th, c, s1)\;.\; BW\, s1 \;.\; G\, t10, c, d, s1 \;.\; U\, t10, c, d, s1$

         (6.1), Universalspezifikation, $t10/ti$, c/x, d/y, $s1/s$

(6.3) $(E\, tg)\, (tg \leq t10 \;.\; EE\, tg, c, s1 \;.\; (th) \sim (tg \leq th \leq t10$
         $.\; VE\, th, c, s1))\;.\; BW\, s1 \;.\; G\, t10, c, d, s1 \;.\; U\, t10, c, d, s1$
         $\supset VE\, t10, c, s1 \;.\; EE\, t10, d, s1$

Das mathematische Theorem $8 \leq 10$ erlaubt die konjunktive Hinzufügung von $t8 \leq t10$ zu (6.2). Eine anschließende Existenzialgeneralisierung unter Substitution von tg für $t8$ ergibt (6.4).

(6.4) $(E\ tg)\ (tg \leq t10\ .\ EE\ tg, c, s1\ .\ (th) \sim (tg \leq th \leq t10$
$.\ VE\ th, c, s1))\ .\ BW\ s1\ .\ G\ t10, c, d, s1\ .\ U\ t10, c, d, s1$

(6.3), (6.4) modus ponendo ponens

(6.5) $VE\ t10, c, s1\ .\ EE\ t10, d, s1$

Aus (6.2) folgt nach dem Gesetz der Vereinfachung (6.6)

(6.6) $(th) \sim (t8 \leq th \leq t10\ .\ VE\ th, c, s1)$

Aus (6.6) folgt durch Universalspezifikation unter Substitution von $t10$ für th (6.7).

(6.7) $\sim (t8 \leq t10 \leq t10\ .\ VE\ t10, c, s1)$

und daraus nach dem De Morganschen Gesetz (6.8)

(6.8) $\sim t8 \leq t10 \leq t10\ v \sim VE\ t10, c, s1$

Das mathematische Theorem $8 \leq 10 \leq 10$ erlaubt die Einführung von (6.9) als zusätzlicher Prämisse.

(6.9) $t8 \leq t10 \leq t10$

Aus (6.8) und (6.9) ist mit dem modus tollendo ponens (6.10) ableitbar

(6.10) $\sim VE\ t10, c, s1$

und aus (6.5) und (6.10) folgt die Kontradiktion (6.11) nach den Gesetzen der Vereinfachung und der Adjunktion.

(6.11) $VE\ t10, c, s1\ .\ \sim VE\ t10, c, s1$

Die Formulierung (5) vermeidet diese Kontradiktion, weil sie die Substitution gleicher Zeitkonstanten für th und ti ausschließt.

Damit die Wahrheit eines dem zweiten Teil der das Definiens von (5) bildenden Konjunktion entsprechenden singulären Satzes gewährleistet ist, muß auch er aus Rechtssätzen zusammen mit wahren Sätzen, die das Vorliegen von deren Anfangsbedingungen behaupten, ableitbar sein. Das impliziert für die Rechtssätze über Eigentumsverlust eine andere syntaktische Struktur als ihre Formulierung in der natürlichen Sprache nahelegt. Diese Struktur wird noch ausführlich zu untersuchen sein.

Einer der wichtigsten Rechtssätze über Eigentumserwerb und -verlust ist § 929 BGB. Sein erster Satz bestimmt: „Zur Übertragung des Eigentums an einer beweglichen Sache ist erforderlich, daß der Eigentümer die Sache dem Erwerber übergibt und beide darüber einig sind, daß das Eigentum übergehen soll." Dieser Satz läßt sich umformulieren zu

„Wenn jemand Eigentum an einer beweglichen Sache hat und die Sache
einem anderen übergibt und beide darüber einig sind, daß das Eigentum übergehen soll, dann erwirbt der andere das Eigentum an der Sache
und der erste verliert es." Zur Symbolisierung dieses Satzes sind neue
Prädikate erforderlich, die erlauben, Einigung und Übergabe auszudrücken. Die Übergabe ist eine Handlung, ein Realakt. Die Einigung
dagegen kommt zustande, wenn zwei einander in spezifischer Weise er-
gänzende gültige Wissenserklärungen abgegeben werden. Damit die
Interaktion der Beteiligten rechtlich als Abgabe von Willenserklärungen
behandelt wird, müssen die Personen — in Anbetracht ihrer Geschäftsfähigkeit — und die Interaktion die Bedingungen einer Reihe von
Rechtssätzen aus dem Abschnitt „Rechtsgeschäfte" des Allgemeinen
Teils des BGB erfüllen. Ist das der Fall und hat eine Übergabe stattgefunden, so ist aus diesen Rechtssätzen zusammen mit den dann
wahren Sätzen über ihre Anfangsbedingungen ein Satz ableitbar, der
das Zustandekommen der Einigung behauptet. Wie die Prädikate „*EE*",
„*VE*" und „*HE*", so ist auch das zur Symbolisierung der Einigung noch
einzuführende prinzipiell verzichtbar (s. u. Kap. 8). Zunächst wird aber
unterstellt, daß die Bedingungen für das Zustandekommen einer Einigung in der semantischen Regel des Prädikats angegeben sind. Die Einigung wird ausgedrückt durch:

$U\ ti, x, y, s$: z. Z. ti sind x und y einig, daß das Eigentum an s (von
x auf y) übergehen soll,

die Übergabe durch

$G\ ti, x, y, s$: z. Z. ti übergibt x dem y die Sache s.

Damit kann § 929 (1) dann so symbolisiert werden:

(6) $(x, y)\ (s)\ (ti)\ (HE\ ti, x, s\ .\ BW\ s\ .\ G\ ti, x, y, s\ .$
                    $.\ U\ ti, x, y, s \supset VE\ ti, x, s\ .\ EE\ ti, y, s)$

: für alle x, y, s, ti: wenn x z. Z. ti Eigentum an s hat und s beweglich ist und x z. Z. ti die Sache s dem y übergibt und x und y
z. Z. ti einig sind, daß das Eigentum an s übergehen soll, dann
verliert x z. Z. ti Eigentum an s und y erwirbt z. Z. ti Eigentum
an s.

Der Einfachheit halber ist (6) strenger formuliert, als das Gesetz es
vorsieht. Einigung und Übergabe sind auf denselben Zeitpunkt bezogen,
es ist also verlangt, daß sie gleichzeitig erfolgen, während eine Sache
auch dann wirksam übereignet werden kann, wenn Einigung und Übergabe zeitlich auseinanderfallen (§ 929 S. 2)[71].

---

[71] Aber „an eine vor (der) Übergabe erklärte Einigung sind die Beteiligten
nicht gebunden", (Bay Ob Str 53, 22 (str.)) doch muß Abgehen von Einigung
dem anderen erkennbar werden (RG 83, 230), Fortbestehen der Einigung wird
vermutet (RG 135, 367)" *Palandt*, 20. Aufl.

Die Prüfung des Sachverhaltes auf die Anwendbarkeit des § 929 (1) BGB hin möge ergeben, daß z. Z. $t8$ der b dem c die bewegliche Sache $s1$ übergeben hat und beide einig waren, daß das Eigentum übergehen soll. Dann sind folgende Sätze wahr:

(7) $U\ t8, b, c, s1$

(8) $G\ t8, b, c, s1$

Stünde fest, daß b z. Z. $t8$ auch Eigentümer von $s1$ ist, wäre also „$HE\ t8, b, s1$" wahr, so könnte aus (4), (6), (7), (8) und „$HE\ t8, b, s1$" der Satz „EE" $t8, c, s1$" abgeleitet werden. Damit wäre (gemäß (5)) eines der beiden Erfordernisse für die Wahrheit des Satzes „$HE\ t10, c, s1$" erfüllt, der zur Lösung des Falles mit § 985 BGB noch erforderlich ist, denn aus „$EE\ t8, c, s1$" und „$t8 < t10$" ist „$(E\ tg)\ (tg < t10 . EE\ tg, c, s1)$" ableitbar.

Der Satz „$HE\ t8, b, s1$" kann aber nur als Prämisse zur Ableitung von „$EE\ t8, c, s1$" herangezogen werden, wenn er seinerseits sich mit Hilfe der Definition (5) aus einem Rechtssatz, der den Eigentumserwerb regelt und wahren Sätzen, die das Vorliegen von dessen Anfangsbedingungen behaupten, einerseits, sowie der Menge aller Rechtssätze, die den Eigentumsverlust regeln und wahren Sätzen, die behaupten, daß für den relevanten Zeitraum die Anfangsbedingungen keines dieser Sätze vorliegen[72], andererseits, hat ableiten lassen. Zunächst muß also wieder geprüft werden, ob aus einem Rechtssatz und wahren Sätzen über seine Anfangsbedingungen „$(E\ ti)\ (EE\ ti, b, s1 . ti < t8)$" ableitbar ist. Die Möglichkeit von Ketten von Eigentumsübertragungen gem. § 929 macht die Eliminierung des Prädikates „EE" aus der Formulierung des Eigentumsrechts besonders umständlich, aber nicht unmöglich. Um die Komplizierung hier wenigstens andeuten zu können, wird noch einmal unterstellt, daß § 929 anwendbar ist. Die Prüfung des Sachverhaltes möge ergeben, daß z. Z. $t6$ der a und b die Sache $s1$ übergeben hat und beide über den Übergang des Eigentums einig waren. Dann sind die Sätze (9) und (10) wahr.

(9) $U\ t6, a, b, s1$

(10) $G\ t6, a, b, s1$

Um zu prüfen, ob auch „$HE\ t6, a, s1$" als Prämisse zur Verfügung steht — aus (4), (6), (9), (10) und „$HE\ t6, a, s1$" wäre dann „$(E\ tg)\ (EE\ tg, b, s1 . tg < t8)$" ableitbar — muß zunächst wieder untersucht werden, ob „$(E\ tg)\ (EE\ tg, a, s1 . tg < t6)$" aus einem Rechtssatz zusammen mit (wahren) Sätzen über seine Anfangsbedingungen abgeleitet werden kann.

---

[72] Hier wird nicht etwa von einem ungültigen Schluß Gebrauch gemacht, denn die Rechtssätze über Eigentumsverlust müssen in die Form einer Bijunktion gebracht werden. Aus $a \equiv b$ und $\sim a$ ist aber $\sim b$ ableitbar. (s. o. p. 45, s. u. p. 64 ff.).

Die o. a. Beschreibung des „Falles" besagt, daß a die Sache $s1$ z. Z. $t4$ hergestellt hat. Ob er dadurch ggf. Eigentümer von $s1$ wurde, bestimmt sich nach § 950 BGB. Zunächst muß also untersucht werden, von welchen Bedingungen § 950 den Eigentumserwerb abhängig macht. § 950 BGB lautet: „(1) Wer durch Verarbeitung oder Umbildung eines oder mehrerer Stoffe eine neue bewegliche Sache herstellt, erwirbt das Eigentum an der neuen Sache, sofern nicht der Wert der Verarbeitung oder der Umbildung erheblich geringer ist als der Wert des Stoffes. Als Verarbeitung gilt auch das Schreiben, Zeichnen, Malen, Drucken, Gravieren oder eine ähnliche Bearbeitung der Oberfläche. (2) Mit dem Erwerbe des Eigentums an der neuen Sache erlöschen die an dem Stoffe bestehenden Rechte." Um die Struktur deutlicher zu machen, die § 950 haben wird, wenn man ihn in der Quantorenlogik symbolisiert, kann man ihn zunächst umformulieren in: „Wenn jemand eine neue bewegliche Sache herstellt, indem er einen oder mehrere Stoffe verarbeitet oder umbildet oder darauf schreibt, zeichnet oder malt, ihn bzw. sie bedruckt oder graviert oder seine bzw. ihre Oberfläche in ähnlicher Weise bearbeitet und der Wert der Verarbeitung oder der Umbildung (oder der Bearbeitung) nicht erheblich geringer ist als der des Stoffes bzw. der Stoffe, dann erwirbt er das Eigentum an der neuen Sache und alle Rechte an dem Stoff bzw. den Stoffen erlöschen."

Diese Umformulierung berücksichtigt bereits die Auslegung des zweiten Satzes des ersten Absatzes „Als Verarbeitung gilt auch das Schreiben, Zeichnen, Malen, Drucken, Gravieren oder eine ähnliche Bearbeitung der Oberfläche." „Durch Satz 2 wird der Tatbestand der Spezifikation erweitert auf das Schreiben (...), Zeichnen, Malen, Drucken, Gravieren oder eine ähnliche Bearbeitung der Oberfläche z. B. Kerbschnitt. (...) auch hier muß nach den Verkehrsbegriffen eine neue Sache entstanden sein, z. B. das Ölgemälde an Stelle der Leinwand[73]." In diesem Fall hat die Auslegung nicht auf die Interpretation der Prädikate, sondern auf die Syntax Einfluß gehabt[74].

Wie Einigung und Übergabe, so nimmt auch die Verarbeitung einen endlichen Zeitraum ein, normalerweise einen erheblich größeren als die Veräußerung. Auch hier müssen aber die Änderungen der eigentumsrechtlichen Verhältnisse einem Zeitpunkt zugeordnet werden, damit nicht für einen mehr oder weniger scharf abgegrenzten Zeitraum eine

---

[73] *Staudinger:* III, Bd., 1. Teil, 11. Aufl., Berlin 1956, Anm. 2 zu § 950.

[74] Diesem Einfluß ist eine Anzahl von Arbeiten gewidmet, die im englischen Sprachraum erschienen sind: *Layman E. Allen* and *Mary Ellen Caldwell:* Modern Logic and Judical Decision Making, A Sketch of one View, in: Jurimetrics, Hans W. Baade ed., New York, London 1963; *Allen,* Layman E.: Symbolic Logic: A Razor-Edged Tool for Drafting and Interpreting Legal Documents, in: 66 Yale Law Journal 1957, p. 833 ff.; *Montrose,* J. L.: Syntactic (Formerly Amphibolous) Ambiguity, in: Modern Uses of Logic in Law (MULL) June 1962, p. 65 - 71; *Miller,* James C.: Two Examples of Syntactic Ambiguities in International Agreements, MULL, June 1962, p. 72 - 77.

rechtlich nicht geregelte Lage eintritt. Der Zeitpunkt selbst ist nur sehr dürftig bestimmt. Es ist der, zu dem die Verarbeitung so weit fortgeschritten ist, daß eine im Verkehrssinne neue Sache vorliegt. „Der Begriff der neuen Sache ist vom Gesetz nicht bestimmt, daher dem Richter zur Entscheidung nach der Verkehrsauffassung überlassen (vg. RGSt 72, 188). Wird die Sache nach der Bearbeitung im Verkehr mit einem anderen Namen als vorher bezeichnet, so kann das einen Anhaltspunkt dafür abgeben, daß eine neue Sache hergestellt ist (HOG 3, 351)[75]."

Um auszudrücken, daß die Eigentumsverhältnisse sich zu dem Zeitpunkt ändern, zu dem eine neue Sache vorliegt, muß mindestens ein Prädikat im Antecedens des § 950, das sich irgendwie auf den Zustand der hergestellten Sache bezieht, eine Argumentstelle besitzen, die mit der gleichen Variablen bzw. Konstanten für Zeitpunkte besetzt wird wie die entsprechende Argumentstelle in „EE" und „VE", die im Konsequens des § 950 vorkommen. Im Antecedens könnte ein Prädikat, das die Neuheit einer Sache im Verkehrssinne ausdrückt, diese Argumentstelle erhalten. Die Bedingung der Neuheit kann aber auch in der semantischen Regel eines Prädikates für die Herstellung der Sache berücksichtigt werden und dieses Prädikat kann dann auch die Argumentstelle erhalten.

Es muß ausgedrückt werden, daß die neue Sache *aus* den Stoffen hergestellt ist. Verarbeitet etwa a in einem bestimmten Zeitraum den Stoff $s1'$ um daraus die Sache $s1$ herzustellen und im gleichen Zeitraum den Stoff $s2'$ um die Sache $s2$ herzustellen und wird zuerst z. Z. $t1$ die Sache $s1$ fertig, so erwirbt, wenn der Wertzuwachs hinreichend ist, a Eigentum an $s1$, gleichzeitig verliert der Eigentümer von $s1'$ sein Eigentum. Da a z. Z. $t1$ auch $s2$ verarbeitet, wäre auch eine Aussage, die den Verlust des Eigentums an $s2$ behauptet, ableitbar, wenn er nicht davon abhängig gemacht würde, daß $s2'$ zur Herstellung der neuen Sache verwandt wurde. Das kann geschehen, indem das Prädikat „HS" eine Argumentstelle für die Stoffe erhält, aus denen die neue Sache hergestellt wird:

$HS\ ti, w, s, s'$: z. Z. ti stellt w die im Verkehrssinne neue Sache s (u. a.) aus dem Stoff s' her, indem er s' verarbeitet oder umbildet oder darauf schreibt, zeichnet oder malt oder s' bedruckt oder graviert oder die Oberfläche von s' in ähnlicher Weise bearbeitet.

Der Wert der Verarbeitung ergibt sich, wenn man den Wert des Stoffes von dem Wert der neuen Sache abzieht[76]. Der Wert einer Sache

---

[75] BGB-RGRK, 11. Aufl., Anm. 8 zu § 950.
[76] RGZ 144, 240; OGHZ 3, 349, 351; BGHZ 18, 226; zit. nach *Soergel-Siebert*: Bd. 4, 10. Aufl. 1968, Anm. 7 zu § 950.

läßt sich durch eine zweistellige Relation symbolisieren, deren eine Stelle mit dem Namen eines Geldbetrages und deren andere mit dem Namen einer Sache besetzt wird, die diesen Wert hat:

$W\,p, s$: p ist der Wert von s.

Wenn p der Wert der neuen Sache s und r der Wert des Stoffes s' ist, dann darf die Differenz von p und r, der Wert der Verarbeitung oder Umbildung also, nicht erheblich geringer sein als r. Die bekannte Relation „kleiner als" kann abgewandelt werden zu „erheblich geringer als":

$q \ll r$: q ist erheblich geringer als r.

Welcher Unterschied als erheblich zu gelten hat, ist allerdings keineswegs eindeutig festgelegt. Die erste Stelle der Relation „$\ll$" ist hier mit der Differenz „$p-r$" zu besetzen. Das bereitet keine Schwierigkeiten, da die Differenz zweier Zahlen eine dritte definiert.

Damit kann die Einschränkung „sofern nicht der Wert der Verarbeitung oder der Umbildung erheblich geringer ist als der Wert des Stoffes" durch die den anderen Antecedensbedingungen des § 950 konjunktiv hinzuzufügende Bedingung

$$W\,p, s \;.\; W\,r, s' \supset \sim ((p-r) \ll r)$$

: wenn p der Wert von s und r der Wert von s' ist, dann ist die Differenz von p und r nicht erheblich geringer als r

ausgedrückt werden. In § 950 BGB ist die Rede vom Wert *des* Stoffes. Da aber mehrere Stoffe zu einer neuen Sache verarbeitet werden können, ist in diesem Falle entsprechend der Wert der Verarbeitung als Differenz zwischen dem Wert der neuen Sache und der Summe der Werte der verarbeiteten Stoffe zu ermitteln. Dadurch wird zunächst ein Zeichen für die Menge aller verarbeiteten Stoffe erforderlich:

$M' = \{s': HS\,ti, w, s, s'\}$: M' ist die Menge aller Stoffe s', aus denen w z Z. ti die Sache s hergestellt hat.

Um Aussagen über den Wert einer solchen Menge zu ermöglichen, wird das Prädikat „W" so eingerichtet, daß seine erste Stelle statt mit Namen von Stoffen mit Namen von Mengen von Stoffen besetzt werden kann. Im Grenzfall der Verarbeitung nur eines Stoffes enthält diese Menge dann nur ein Element. Um die Mengenvariable „M" von der Prädikatkonstanten „W" abzuheben, werden die Variablen von „W" ausnahmsweise eingeklammert:

$W\,(M', r)$: die Menge M' hat den Wert r.

Um mit dem selben Prädikat „W" auch Aussagen über den Wert der neuen Sache treffen zu können, muß entsprechend „M'" eine Menge „M" eingeführt werden, die s als einziges Element enthält:

$M = \{s\}$: M ist die Menge, welche s als Element enthält.

In der Form

$$M' = \{s': HS\ ti, w, s, s'\}\ .\ W\ (M', r)\ .\ M = \{s\}\ .$$
$$.\ W\ (M, p) \supset \sim ((p-r) << r)$$

erlaubt die Bedingung, beliebige Mengen verarbeiteter Stoffe zu berücksichtigen.

Mit den bis jetzt eingeführten Zeichen kann der erste Absatz des § 950 BGB symbolisiert werden.

(11) $(w)\ (s)\ (p, r)\ (ti)\ (M, M')\ \big((E\ s')\ (HS\ ti, w, s, s'\ .\ BW\ s\ .$
$$.\ \{M = \{s\}\ .\ W\ (M, p)\ .\ M' = \{s': HS\ ti, w, s, s'\}\ .$$
$$.\ W\ (M', r) \supset \sim ((p-r) << r)\}) \supset EE\ ti, w, s\big)$$

: für alle w, s, p, r, ti, M, M': wenn es mindestens einen Stoff s' gibt, aus dem w z. Z. ti die im Verkehrssinne neue Sache s herstellt, indem er s' verarbeitet oder umbildet oder darauf schreibt, zeichnet oder malt oder s' bedruckt oder graviert oder die Oberfläche von s' in ähnlicher Weise bearbeitet und s beweglich ist und, wenn M die Menge ist, die s als einziges Element enthält und p der Wert von M ist und M' die Menge aller Stoffe s' ist, aus denen w z. Z. ti die Sache s herstellt und r der Wert von M' ist, (dann) die Differenz von p und r nicht erheblich geringer als r ist, dann erwirbt w z. Z. ti Eigentum an s.

„Mit dem Erwerbe des Eigentums an der neuen Sache erlöschen die an dem Stoffe bestehenden Rechte" (§ 950, Abs. 2). Das wichtigste dieser Rechte ist das Eigentum. Wie die anderen Rechte an einer Sache zu symbolisieren sind, kann nur entschieden werden, indem man versucht, zumindest die wichtigsten Rechtssätze über ihr Entstehen und die Rechtsfolgen, die sie nach sich ziehen, mit den Mitteln der Quantorenlogik zu formulieren. Der Einfachheit halber wird hier stellvertretend für alle Rechte an einer Sache nur das Eigentum berücksichtigt.

Die Vorstellung, nur wer Eigentümer einer Sache gewesen sei, könne das Eigentum an dieser Sache verlieren, legt zunächst nahe, den zweiten Absatz des § 950 BGB zu „... und wenn jemand Eigentümer des Stoffes war, so verliert er das Eigentum" umzuformulieren und diesen Satz an den ersten Absatz anzuhängen. Macht man aber den Verlust des Eigentums an einer Sache vom früheren Eigentum an dieser Sache abhängig, so entsteht bei der Formulierung von Rechtssätzen, die das Eigentum einer Person an einer Sache unter ihren Bedingungen nennen, jeweils ein unendlicher Regreß[77]. Während bei anderen Rechtssätzen, die den Eigentumsverlust regeln (in der Formulierung, die das Gesetz zunächst nahelegt, s. u. S. 64) die Person, welche Eigentum verliert, im Antecedens als Träger einer Handlung oder Teilnehmer einer Interaktion erwähnt wird, so bei § 929 als eine der Parteien der Einigung und der Übergabe, fehlt im Antecedens des § 950 BGB jeder Hinweis auf den Stoffeigentümer. Daher ist es nicht möglich, eine Person, zu deren Ungunsten der Eigentumsverlust eintritt, die also fortan keine „Rechtsfolgen aus dem Eigentum" mehr für sich geltend machen kann, anders zu bestimmen, denn als den bisherigen Eigentümer des Stoffes. Diese Kennzeichnung erweist sich aber bei genauerem Hinsehen als überflüssig. Denn der Verlust des Eigentums an einer Sache bedeutet nichts anderes, als daß „Rechtsfolgen aus dem Eigentum" nicht mehr gerichtlich geltend gemacht werden können. Eine Person, die „Eigentum verliert", steht insoweit allen anderen gleich, die auch bisher nicht Eigentümer waren. Dadurch wird es möglich, im Falle des Eigentumsverlustes nicht nur vom bisherigen Eigentümer, sondern auch von allen unbeteiligten Dritten zu sagen, sie verlören Eigentum, ohne daß diese dadurch in irgendwelche Rechtsverhältnisse involviert würden. Bei einer Eigentumsübertragung kann man natürlich vom Erwerber nicht sagen, er verlöre Eigentum. Aber der Erwerber bildet die einzige Ausnahme und bei § 950 BGB gibt es zwar einen Erwerber der neuen Sache, aber keinen Erwerber der verarbeiteten Stoffe. Die Herstellung der neuen Sache beendet die Existenz der Stoffe und alle an ihnen bestehenden Rechte. Deshalb kann es keinen neuen Eigentümer der Stoffe geben.

Bei der Betrachtung des § 951, Abs. 1, Satz 1 BGB scheint das soeben erzielte Ergebnis noch einmal in Frage gestellt. „Wer infolge der Vorschriften der §§ 946 bis 950 einen Rechtsverlust erleidet, kann von demjenigen, zu dessen Gunsten die Rechtsänderung eintritt, Vergütung in Geld nach den Vorschriften über die Herausgabe einer ungerechtfertigten Bereicherung fordern." Um logische Schwierigkeiten zu vermeiden wurde § 950 Abs. 2 BGB so formuliert, daß *alle* Rechtsgenossen Eigentum am verarbeiteten Stoff verlieren. Die Vergütung des § 951 BGB kann aber nicht für sie alle, sondern nur für den Stoffeigentümer gedacht sein. Der Eigentumsverlust kann also nicht allein den „Rechtsverlust" im Sinne des § 951 BGB ausmachen. Vielmehr muß das führere Eigentum am Stoff hinzukommen. § 951 BGB macht aber nicht vom früheren Eigentum dessen Verlust abhängig, sondern von beiden eine Entschädigung in Geld. Daß nur der Rechtsverlust erwähnt ist, ist Ausdruck der allgemein verbreiteten Vorstellung, ein Rechtsverlust könne nur bei einer Person eintreten, für die dieses Recht bestanden habe.

---

[77] s. u., p. 66, 67.

Kennt man die Konsequenzen dieser Vorstellung, so kann man ohne weiteres die in § 951 BGB mit „Rechtsverlust" gemeinte Bedingung „Bestehen des Rechts bis zu einem Zeitpunkt und sein Ende zu diesem Zeitpunkt" explizit machen.

Schreibt man § 951 BGB als selbständige Rechtsnorm, so muß, weil er jedem, der durch Verbindung, Vermischung oder Verarbeitung einen „Rechtsverlust" erleidet, einen Anspruch auf Vergütung gibt, sein Antecedens die Antecedentes der §§ 946, 947, 948 und 950 BGB disjunktiv enthalten. (Die §§ 947 und 948 werden zweckmäßig zu einem Rechtssatz zusammengezogen.) Außerdem kann man § 951 BGB kodifizieren, indem man das, was bei einer Formulierung als selbständiger Rechtssatz seine Dann-Komponente ausmachen würde, den Dann-Komponenten der obigen Rechtssätze konjunktiv hinzufügt. Dieses Verfahren soll für § 950 BGB angedeutet werden.

§ 951, Abs. 1, Satz 1 BGB enthält für den Richter die Anweisung, unter bestimmten Umständen eine Person zur Zahlung einer Geldsumme an eine andere zu verurteilen. Diese Anweisung kann durch das Prädikat ausgedrückt werden:

$!U (!Z w, u, n)$: fälle das Urteil: „w zahle den Betrag n an u!"!

Die Vorschriften über die Herausgabe einer ungerechtfertigten Bereicherung können hier nicht untersucht werden. Sie werden lediglich in einem Prädikat, das den Klageantrag symbolisiert, mit berücksichtigt:

$AUV tk, u, s', w, n$: z. Z. tk beantragt u wegen des Verlustes des Eigentums an s' ein Urteil auf Vergütung in Geld nach den §§ 812 ff. in Höhe von n gegen w[78].

Es ist nicht möglich, den Eigentumsverlust des § 950 Abs. 2 und den Ersatzanspruch des § 951 durch eine einfache konjunktive Erweiterung des Konsequens von (11) wiederzugeben. Denn um auszudrücken, daß eine neue Sache auch aus mehreren Stoffen hergestellt werden kann, ist die Variable für die Stoffe in (11) durch einen Existenzquantor gebunden. Deshalb kann aus (11) und Sätzen über seine Anfangsbedingungen kein mit einer Formel aus dem Konsequens gebildeter Satz abgeleitet werden, der eine Aussage über einen bestimmten verarbeiteten Stoff macht, etwa, daß alle Eigentum an ihm verlieren oder, daß sein bisheriger Eigentümer einen Ersatz in Geld einklagen kann, denn dazu wäre erforderlich, daß der Satz den Namen oder eine individuelle Kennzeichnung des Stoffes enthielte. Beide können aber für eine durch einen Existenzquantor gebundene Variable nicht substituiert werden. § 950 muß deshalb noch einmal in (11') formuliert werden, diesmal mit

---

[78] Die Angemessenheit des geforderten Betrages wird der Einfachheit halber unterstellt.

einem Allquantor für s' und, weil aus einer Sache auch mehrere neue hergestellt werden können, einem Existenzquantor für s. Während (11) wegen seiner Quantoren nur das Schicksal jeweils einer neuen Sache regeln kann („s" ist durch einen Allquantor gebunden), kann (11') nur das jeweils eines Stoffes regeln. Werden mehrere Stoffe verarbeitet oder mehrere Sachen hergestellt, so müssen (11') bzw. (11) in mehreren Ableitungen als Prämissen verwandt werden, von denen jede zu Aussagen über die Eigentumsverhältnisse an einer einzelnen Sache oder auch über Ansprüche wegen einer Sache führt.

Weil (11') das Schicksal von s ohnehin nicht regeln kann, kann in seinem Konsequens „EE" fehlen, während in (11) die Prädikate fehlen können, die im Konsequens von (11') vorkommen.

(11') $(u, w)\ (s')\ (p, r, n)\ (ti, tk)\ (M, M')\ \big((E\,s)\ \{HS\,ti, w, s, s'\ .\ BW\,s$
    $.\ (M = \{s\})\ .\ W\,(M, p)\ .\ M' = \{\,s'\!:\,HS\,ti, w, s, s'\}\ .$
    $.\ W\,(M', r) \supset \sim ((p-r) << r))\}$
    $\supset \{VE\,ti, u, s'\ .\ (HE\,ti, u, s'\ .\ u \neq w\ .$
    $.\ AUV\,tk, u, s', w, n\ .\ ti \leqq tk \supset !U\,(!Z\,w, u, n))\}\big)$

:   für alle $u, w, s', p, r, n, ti, tk, M, M'$: wenn es mindestens eine im Verkehrssinne neue Sache gibt, die z. Z. ti von w aus (nicht notwendig allein) dem Stoff s' hergestellt wird, indem $w\ s'$ verarbeitet oder umbildet oder darauf schreibt, zeichnet oder malt oder s' bedruckt oder graviert oder die Oberfläche von s' in ähnlicher Weise bearbeitet und s beweglich ist und, wenn M die Menge ist, die s als einziges Element enthält und p der Wert von M ist und M' die Menge aller Stoffe s' ist, aus denen w z. Z. ti die Sache s herstellt und r der Wert von M' ist, (dann) die Differenz von p und r nicht erheblich geringer als r ist, dann verlieren alle $((u))$ z. Z. ti Eigentum an s' und, wenn u z. Z. ti Eigentum an s' hatte und zu einer Zeit tk ab ti wegen des Verlustes des Eigentums an s' gegen w ein Urteil auf Vergütung in Geld nach den §§ 812 ff. in Höhe von n beantragt, dann fälle das Urteil: „w zahle den Betrag n an u!"![79]

Es ist schon bekannt, daß a die Sache $s1$ hergestellt hat. Das möge durch Verarbeitung des Stoffes $s'1$ geschehen sein. Zur Zeit $t4$ möge die im Verkehrssinne neue bewegliche Sache $s1$ vorgelegen haben. Die

---

[79] Die schon in „VE" benutzte Variable „u" kann hier in „HE" wieder verwendet werden, obwohl sie in beiden Fällen durch denselben Quantor gebunden ist, weil „HE" im Gegensatz zu „VE" im Antecedens einer Subjunktion (im Konsequens einer Norm) vorkommt. Dadurch ist es möglich, daß zwar durch Substitution beliebiger Konstanten für „u" in VE wahre singuläre Sätze entstehen (alle verlieren Eigentum), ohne daß, was eine unhaltbare Konsequenz wäre, auch jeder durch entsprechende Substitution in HE entstehende Satz (keineswegs alle hatten Eigentum) wahr sein müßte.

Differenz zwischen ihrem Wert $p1$ und der Summe der Werte aller verarbeiteten Stoffe, die in diesem Fall gleich dem Wert $r1$ des einzigen verarbeiteten Stoffes $s'1$ ist, möge nicht erheblich kleiner als $r1$ sein. Dann ist folgende Konjunktion von Sätzen wahr:

(12) $HS\ t4, a, s1, s'1\ .\ BW\ s1\ .\ (M = \{s1\})\ .\ W\ (M, p1)\ .$
          $.\ M' = \{s': HS\ t4, a, s1, s'\}\ .\ W\ (M', r1)$
          $\supset \sim ((p1 - r1) \lessdot\lessdot r1))$

Aus (11) und (12) ist (13) ableitbar.

(13) $EE\ t4, a, s1$

und daraus „$(E\ tg)\ (EE\ tg, a, s1\ .\ tg < t6)$", der gemäß Definition (5) eine der Bedingungen für die Wahrheit von „$HE\ t6, a, s1$" ist. „$(th) \sim (tg \leqq th < t6\ .\ VE\ th, a, s1)$" ist die andere.

Ob a das Eigentum an $s1$ zwischen $t4$ und $t6$ wieder verloren hat, ist durch Anwendung der Rechtssätze über Eigentumsverlust zu entscheiden. Dazu muß ein singulärer Satz, der behauptet, a habe das Eigentum verloren oder behauptet, er habe es nicht verloren, aus einem Rechtssatz und Sätzen über seine Anfangsbedingungen ableitbar sein. Die Formulierung der Rechtssätze über Eigentumserwerb und -verlust im Gesetz legt nahe, ihnen die Struktur von Konditionalsätzen zu geben (s. o., p. 51). Aus einem Konditionalsatz, der „$VE\ ti, x, s$" im Konsequens enthält und Sätzen, die das Vorliegen seiner Anfangsbedingungen behaupten, ist ein Satz ableitbar, der besagt, daß jemand Eigentum verloren hat. Aus demselben Konditionalsatz und wahren Sätzen, die behaupten, daß seine Anfangsbedingungen nicht vorliegen, ist dagegen nicht ableitbar, daß jemand Eigentum nicht verloren hat. Es gibt keinen gültigen Schluß von einem Konditionalsatz und der Negation seines Antecedens auf die Negation seines Konsequens.

Mit einzelnen Konditionalsätzen der Art, wie sie ausschließlich im Gesetz enthalten zu sein scheinen, sind deshalb auch einfachste eigentumsrechtliche Fälle nicht zu lösen. Sie allein erlauben nicht festzustellen, ob jemand Eigentümer einer Sache ist. Trotzdem werden eigentumsrechtliche Fälle mit den im Gesetz kodifizierten Sätzen ohne Schwierigkeiten entschieden. Das bedeutet, daß diese Sätze eine Struktur haben müssen, die in ihrer Oberflächengrammatik nicht zum Ausdruck kommt. Untersucht man den Gebrauch dieser Sätze, so zeigt sich, daß jemand Eigentum dann nicht verloren hat, wenn die Bedingungen keines Satzes, der den Verlust regelt, erfüllt sind. Die Kenntnis dieses Gebrauchs erlaubt die Konstruktion eines Rechtssatzes, der es gestattet, sowohl über Verlust, als auch über Nichtverlust von Eigentum zu entscheiden.

Die Konjunktion aller Rechtssätze, die „*VE*" im Konsequens enthalten, ist äquivalent einem Rechtssatz, der die Disjunktion der Antecedentes dieser Sätze im Antecedens und „*VE*" im Konsequens enthält.

$$(r \supset u) \,.\, (s \supset u) \,.\, (t \supset u) \equiv (r \vee s \vee t \supset u)$$

Da diese Rechtssätze den Eigentumsverlust erschöpfend regeln, muß, wenn jemand Eigentum verliert, auch das Antecedens eines dieser Sätze wahr sein. Deshalb kann man das Subjunktionszeichen in „$r \vee s \vee t \supset u$" durch ein Bijunktionszeichen ersetzen: „$r \vee s \vee t \equiv u$". Beide Seiten der Bijunktion können negiert werden. Verteilt man das Negationszeichen auf die Glieder der linken Seite, so sind gleichzeitig die Disjunktionsgegen Konjunktionsreichen auszutauschen (De Morgans Gesetz): $\sim (r \vee s \vee t) \equiv \sim r \,.\, \sim s \,.\, \sim t$. Aus „$\sim r \,.\, \sim s \,.\, \sim t \equiv \sim u$" und „$\sim r \,.\, \sim s \,.\, \sim t$" ist „$\sim u$" ableitbar. Das ist im Prinzip ein Schluß der angestrebten Art.

Bei dem Versuch, einen „$r \vee s \vee t \equiv u$" entsprechenden Rechtssatz zu formulieren, zeigt sich eine besondere Schwierigkeit. Sie ergibt sich daraus, daß alle Rechtssätze, die den Eigentumsverlust regeln, eine Bedingung nennen, die üblicherweise als Bestehen des Eigentums interpretiert wird und für deren Symbolisierung hier das Prädikat „*HE*" eingeführt wurde. So verlangt § 929 BGB, daß der Eigentümer die Sache dem Erwerber übergibt, § 950 BGB spricht vom Erlöschen der an dem Stoff bestehenden Rechte und § 959 BGB ordnet an: „Eine bewegliche Sache wird herrenlos, wenn der Eigentümer in der Absicht, auf das Eigentum zu verzichten, den Besitz der Sache aufgibt." Das bedeutet, daß alle Glieder der Disjunktion das Prädikat „*HE*" konjunktiv enthalten. Der Rechtssatz, der den Eigentumsverlust erschöpfend regelt, kann hier nur angedeutet werden. Dabei wird nur das Antecedens des § 929 BGB voll ausgeschrieben.

(14) $(x, y, \ldots) (s, ..) (ti, ..) \big((HE\,ti, x, s \,.\, BW\,s \,.$

           $.\, G\,ti, x, y, s \,.\, U\,ti, x, y, s) \vee (..) \vee (..) \vee -$

           $-- \vee (..) \equiv VE\,ti, x, s \big)$ [80]

---

[80] Neben „x", „y" sind weitere Variable zur Symbolisierung von Rechtsnormen erforderlich, in denen mehr als zwei Personen vorkommen, so wäre schon in § 929 im Prinzip neben Veräußerer und Erwerber ein möglicher Besitzer oder Besitzdiener, der die Sache übergeben oder entgegennehmen kann, zu erwähnen. Neben „s" sind weitere Variable für Sachen erforderlich, die von s verschieden sind und in anderen Normen als § 929 erwähnt werden, etwa die Stoffe in § 950. Ebenso sind neben „ti" weitere Variable für Zeitpunkte erforderlich, die etwa den Beginn des Ablaufs einer Frist ausdrücken, wie der für die Ersitzung von Eigentum gem. § 937 BGB.

Da „HE" in allen Gliedern der Konjunktion enthalten ist, kann man „HE" nach dem Distributionsgesetz „$(r \cdot s) \vee (r \cdot t) \equiv r \cdot (s \vee t)$" ausklammern und der Disjunktion der übrigen Glieder konjunktiv hinzufügen:

(15) $(x, y, \ldots) (s, ..) (ti, ..) \big((HE\ ti, x, s\ . \ ((BW\ s\ .$

$. \ G\ ti, x, y, s\ . \ U\ ti, x, y, s) \vee (..) \vee (..) \vee --$

$-- \vee (..)) \equiv VE\ ti, x, s\big)$

Nun kann „HE" durch sein Definiens (5) ersetzt werden

(16) $(x, y, \ldots) (s, ..) (ti, ..) \big((E\ te)\ \{te < ti\ . \ EE\ te, x, s$

$. \ (th) \sim (te \leq th < ti\ . \ VE\ th, x, s)\}\ . \ \{BW\ s\ .$

$. \ G\ ti, x, y, s\ . \ U\ ti, x, y, s) \vee (..) \vee (..) \vee --$

$-- \vee (..)\} \equiv VE\ ti, x, s\big)$

Das Bijunktionszeichen in (16) erlaubt, beide Seiten gegeneinander auszutauschen. So läßt sich „$VE\ th, x, s$" durch einen Ausdruck ersetzen, der entsteht, wenn auf der anderen Seite von (16) die Zeitvariablen so ausgetauscht werden, daß „th" an die Stelle von „ti" tritt usw.

(17) $(x, y, \ldots) (s, \ldots) (ti, \ldots) \big((E\ te)\ \{te < ti\ . \ EE\ te, x, s$

$. \ (th) \sim (te \leq th < ti\ . \ \{(E\ tf)\ (tf < th\ . \ EE\ tf, x, s$

$. \ (tg) \sim (tf \leq tg < th\ . \ VE\ tg, x, s))\ . \ ((BW\ s\ .$

$. \ G\ th,\ x, y, s\ . \ U\ th, x, y, s) \vee (..) \vee (..) \vee --$

$-- \vee (..))\}\}\ . \ \{(BW\ s\ . \ G\ ti, x, y, s\ . \ U\ ti, x, y, s) \vee$

$\vee (..) \vee (..) \vee ---- \vee (..)\} \equiv VE\ ti, x, s\big)$

Der Prozeß kann fortgeführt werden, indem nun für „$VE\ tg, x, s$" substituiert wird und so fort, ohne daß jemals die hinreichenden und notwendigen Bedingungen für „$VE\ ti, x, s$" angegeben werden könnten.

Dieser unendliche Regreß kann nur abgebrochen werden, und das bedeutet, der Eigentumsverlust kann nur dann geregelt werden, wenn auf das Eigentum als Bedingung des Eigentumsverlustes verzichtet und dementsprechend „$HE\ ti, x, s$" aus (15) eliminiert wird. Das bedeutet, wie oben bei § 950 BGB schon angedeutet, die rechtliche Reglung des Eigentumsverlustes muß vorsehen, daß auch, wer kein Eigentum an einer Sache hatte, es verlieren kann. Das widerspricht dem Wortlaut der Gesetze direkt und erscheint auch vom normalen Sprachgebrauch her widersinnig. Da es aber logisch nicht möglich ist, die Rechtssätze über Eigentumsverlust wörtlich zu nehmen, bleibt nur übrig, die Konsequenzen zu prüfen, die sich aus dem Verzicht auf die Bedingung „Eigentum" ergeben und Vermutungen darüber anzustellen, wie es zu der logisch fehlerhaften Formulierung der Rechtssätze kommen konnte.

Wenn die Bedingungen eines Rechtssatzes, der den Eigentumsverlust regelt, erfüllt sind, ist ein Satz ableitbar, der aus der Formel „VE ti, x, s" hervorgeht, indem geeignete Konstante für die Variablen substituiert werden. Die Person, deren Name für „x" substituiert wird, kann Ansprüche aus dem Eigentum nicht mehr geltend machen. Enthält der Rechtssatz — weil das zu einem unendlichen Regreß führte — nicht „HE ti, x, s", so ist die Klasse der für „x" substituierbaren Konstanten nicht auf die Namen der bisherigen Eigentümer begrenzt. Die Substitution beliebiger Personennamen für „x" ist aber unproblematisch, weil dadurch nichts weiter ausgedrückt wird, als daß die Person eine Bedingung zur Ableitung bestimmter Urteilsanweisungen, welche die gerichtliche Durchsetzung von Ansprüchen aus dem Eigentum an einer Sache zum Gegenstand haben, nicht erfüllt. Da auch dafür Sorge getragen werden kann, daß nur bisherige Eigentümer Anspruch auf Entschädigung für den Verlust des Eigentums haben (s. o., p. 61, 62) führt der Verzicht auf die Bedingung „Eigentum" für den Verlust des Eigentums zu keiner Änderung der Regelung gerichtlich einklagbarer Ansprüche.

Auf den Ursprung der Vorstellung, das Eigentum an einer Sache sei Bedingung für den Verlust des Eigentums an der Sache, kann und braucht hier nicht eingegangen werden. Der Hinweis möge genügen, daß es in der natürlichen Sprache nicht möglich ist, den Inhalt der Sätze des Eigentumsrechts so knapp auszudrücken, wie das im BGB geschieht, ohne daß der Eindruck suggeriert wird, es würden Aussagen über das Entstehen und Vergehen von Entitäten getroffen. Der Kürze wegen verzichtet ja auch diese Arbeit nicht auf die übliche Terminologie. Dazu mag kommen, daß den Vorläufern der heutigen Gesetze magische Vorstellungen zugrunde lagen[81].

Die logische Analyse der Sätze des Eigentumsrechts hat eindeutig gezeigt, daß mit dem Prädikat „HE ti, x, s" nicht sinnvoll die Vorstellung von einer Entität verbunden werden kann, die unter bestimmten Bedingungen entsteht und unter anderen vergeht, denn diese Vorstellung beinhaltet, daß die Entität nicht vergehen kann, ohne zuvor entstanden zu sein. Genau das müßten die Rechtssätze aber von ihr behaupten, wenn ein unendlicher Regreß vermieden werden soll.

Da die rechtliche Regelung des Eigentumsverlustes diesen nicht vom vorherigen Eigentum abhängig machen kann, kann „HE ti, x, s" aus (15) ersatzlos entfernt werden:

(18) $(x, y, \ldots)\,(s, ..)\,(ti, ..)\,\big((BW\,s\ .\ G\,ti, x, y, s\ .$

          $.\ U\,ti, x, y, s)\ \lor\ (..)\ \lor\ (..)\ \lor\ \text{----}\ \lor\ (..)\ \equiv\ VE\,ti, x, s\big)$

---

[81] Siehe dazu: *Ross:* On Law and Justice, a.a.O., § 37 und *Hägerström:* Der römische Obligationsbegriff, 1927.

Aus diesem Rechtssatz, der den Eigentumsverlust erschöpfend regelt, muß zusammen mit passenden Anfangsbedingungen zur Lösung des hier untersuchten Falles zunächst „$(th) \sim (t4 \leq th < t6 \,.\, VE\, th, a, s1)$" abgeleitet werden. Dazu werden beide Seiten der Bijunktion negiert:

(19) $(x, y, \ldots)\, (s, ..)\, (ti, ..)\, \big(\sim \{(BW\, s \,.\, G\, ti, x, y, s \,.$

  $.\, U\, ti, x, y, s)\, \vee (..) \vee (..) \vee \text{---} \vee (..)\} \equiv \sim VE\, ti, x, s \big)$

Auch der Satz, welcher ausdrückt, daß keine der Bedingungen für den Verlust des Eigentums des a an $s1$ gegeben ist, hat die Form eines generellen Satzes. Er behauptet, daß zu keinem Zeitpunkt eine der Mengen zusammen hinreichender Bedingungen des Eigentumsverlustes erfüllt war, oder, was das gleiche ist, daß zu allen Zeitpunkten keine der Mengen zusammen hinreichender Bedingungen des Eigentumsverlustes erfüllt war:

(20) $(y, ..)\, (..)\, (ti, ..) \sim \{(BW\, s1 \,.\, G\, ti, a, y, s1 \,.$

  $.\, U\, ti, a, y, s1)\, \vee (..) \vee (..) \vee \text{---} \vee (..)\}$

Von der linken Seite von (19) unterscheidet (20) sich nur dadurch, daß „a" und „$s1$" die Stellen von „x" und „s" einnehmen. Aus (19) und (20) ist „$(ti) \sim VE\, ti, a, s1$" ableitbar. Da (19) und (20) nur Andeutungen sehr komplexer Sätze sind, ist die Korrektheit der Ableitung nicht direkt prüfbar. An einfachen Beispielen läßt sich aber zeigen, nach welchen Regeln die Ableitung erfolgt. Die Sätze (20) und „$(ti) VE\, ti, a, s1$" enthalten die Individuenkonstanten „a" und „$s1$". In Bezug auf die Individuenkonstanten wird folgendermaßen geschlossen:

(1)	$(x)\, (Ax \equiv Bx)$	Prämisse
(2)	Aa	Prämisse
(3)	$Aa \equiv Ba$	1, Universalspezifikation
(4)	Ba	2, 3, modus ponendo ponens

Beide Sätze enthalten aber auch Allquantoren. Insoweit liegt ein Schluß folgender Art vor:

(1)	$(x)\, (Ax \equiv Bx)$	Prämisse
(2)	$(x)\, (Ax)$	Prämisse
(3)	$Ax \equiv Bx$	1, Universalspezifikation
(4)	Ax	2, Universalspezifikation
(5)	Bx	3, 4, modus ponendo ponens
(6)	$(x)\, (Bx)$	5, Universalgeneralisierung

Zur Ableitung von „$(ti) \sim VE\ ti, a, s1$" müssen beide Verfahren kombiniert werden. Der Satz „$(ti) \sim VE\ ti, a, s1$" impliziert seinerseits „$(ti) \sim (t4 \leq ti < t6\ .\ VE\ ti, a, s1)$".

Für den Zweck der Feststellung des Eigentums des a an der Sache $s1$ zur Zeit $t6$ ist (20) eine viel zu gehaltvolle Anfangsbedingung. Zwar ist (20) ein genereller Satz, dessen Zeitvariable sich auf einen unbegrenzten Zeitraum beziehen, aber der begrenzten Lebensdauer von a und $s1$ wegen bezieht er sich doch auf ein begrenztes Raum-Zeit-Gebiet, so daß er sowohl falsifizierbar, als auch verifizierbar ist. Aber durch seinen Bezug auf die ganze Lebensdauer der Person oder der Sache schließt er etwa eine Veräußerung durch Einigung und Übergabe (§ 929 BGB) aus, denn er behauptet, a werde sich zu seinen Lebzeiten ((ti)) mit keiner Person y über den Übergang des Eigentums an $s1$ einigen und y die Sache übergeben, gerade das aber müßte er zum Zwecke der Veräußerung noch tun. Weiter wäre nicht möglich, daß jemand Eigentümer einer Sache ist, die er zuvor schon einmal veräußert hat. Zu seinen Lebzeiten war eine hinreichende Bedingung für den Verlust seines Eigentums an dieser Sache schon einmal erfüllt und damit wurde (20) falsch und bleibt es auch.

Um diese Mängel zu vermeiden, wird (19) so verändert, daß „ti" nur in einen bestimmten Zeitraum fallen kann, den, für den „$\sim VE$" abgeleitet werden soll. Dazu wird (19) auf beiden Seiten um eine Bedingung konjunktiv erweitert, welche die Beschränkung auf einen solchen Zeitraum ausdrückt. Die in der Bedingung zusätzlich auftretenden Zeitvariablen werden mit Allquantoren gebunden. Sie können dann durch Universalspezifikation gegen beliebige Konstante ausgetauscht werden, so daß Ausdrücke wie (23) abgeleitet werden können.

(21) $(x, y, \ldots)\ (s, ..)\ (th, ti, tk, ..)\ \big(\sim \{th \leq ti < tk\ .\ \{(BW\ s\ .$
     $.\ G\ ti, x, y, s\ .\ U\ ti, x, y, s)\ \vee\ (..)\ \vee\ (..)\ \vee\ --$
     $--\ \vee\ (..)\}\} \equiv\ \sim (th \leq ti < tk\ .\ VE\ ti, x, s)\big)$

Für „th" und „tk" sind im vorliegenden Falle „$t4$" und „$t6$" zu substituieren. An die Stelle von (20) tritt dann (22).

(22) $(y, \ldots)\ (..)\ (ti, ..)\ \sim \{t4 \leq ti < t6\ .\ \{(BW\ s1\ .$
     $.\ G\ ti, a, y, s1\ .\ U\ ti, a, y, s1)\ \vee\ (..)\ \vee\ (..)\ \vee\ --$
     $--\ \vee\ (..)\}\}$

Aus (21) und (22) ist (23) ableitbar.

(23) $(ti) \sim (t4 \leq ti < t6\ .\ VE\ ti, a, s1)$

Aus der Definition von „HE" (5), (13) und (23) ergibt sich nach Substitution von „$t6$" für „ti" und „ti" für „th" in (5) (24). (Die Existenzialgeneralisierung unter Substitution von *tg* für *t4* kann erst nach der konjunktiven Verknüpfung von (13) und (23) erfolgen.)

(24)   *HE t6, a, s1*

Als Eigentümer konnte *a* z. Z. *t6* dem *b* durch Einigung und Übergabe das Eigentum an *s1* übertragen. Aus § 929 (6), (4), (9), (10) und (24) ist (25) ableitbar.

(25)   *EE t6, b, s1*

Aus (25) ist „(*E ti*) (*EE ti, b, s1 . ti* < *t8*)" ableitbar. Zur Zeit *t6*, also zu einem Zeitpunkt vor *t8*, hat damit *b* Eigentum an *s1* erworben. Er konnte es dem *c* z. Z. *t8* durch Einigung und Übergabe wirksam übertragen, wenn er es zwischen *t6* und *t8* nicht wieder verloren hatte. Es muß nun geprüft werden, ob das der Fall ist. Die Prüfung möge wieder ergeben, daß keine Bedingung für den Eigentumsverlust in diesem Zeitraum erfüllt ist. Dieser Sachverhalt wird durch (26) angedeutet.

(26)   (*y, . . .*) (*. .*) (*ti, . .*) ∼ { *t6* ≤ *ti* < *t8* . {(*BW s1* .
              . *G ti, b, y, s1* . *U ti, b, y, s1*) v (*. .*) v (*. .*) v − −
              − − v (*. .*)}}

Aus (21) und (26) ist (27) ableitbar.

(27)   (*ti*) ∼ (*t6* ≤ *ti* < *t8* . *VE ti, b, s1*)

Da *b* z. Z. *t6* das Eigentum an *s1* erwarb, steht damit fest, daß er z. Z. *t8* Eigentümer der Sache *s1* war. Aus (5), (25) und (27) ist, nach Substitution von *t8* für „*ti*" und „*ti*" für „*th*" in (5), (28) ableitbar.

(28)   *HE t8, b, s1*

Als Eigentümer konnte *b* z. Z. *t8* dem *c* durch Einigung und Übergabe das Eigentum an *s1* übertragen. Aus § 929 (6) und (wahren) Sätzen über das Vorliegen seiner Anfangsbedingungen (4), (7), (8) und (28) ist (29) ableitbar.

(29)   *EE t8, c, s1*

Zur Zeit *t8* erwirbt *c* also Eigentum an *s1*. Damit *c* z. Z. *t10* ein Urteil auf Herausgabe von *s1* gegen *d* beantragen und sich dabei erfolgreich auf § 985 stützen kann, darf er das Eigentum an *s1* nicht zwischen *t8* und *t10* verloren haben, oder, wenn er es verloren hatte, muß er es wieder erworben haben und darf es bis *t10* nicht mehr verloren haben. Kein Ereignis möge vorliegen, auf Grund dessen *c* zwischen *t8* und *t10* sein Eigentum an *s1* verliert. Der Vollständigkeit halber sei auch diesmal noch der Satz angedeutet, der diesen Sachverhalt beschreibt:

(30) $(y,\ldots)(\ldots)(ti,\ldots) \sim \{t8 \leq ti < t10 . \{ (BW \, s1 .$

  $. \, G \, ti, c, y, s1 . \, U \, ti, c, y, s1) \vee (\ldots) \vee (\ldots) \vee --$

  $-- \vee (\ldots)\}\}$

Aus (21) und (30) ist dann (31) ableitbar.

(31) $(ti) \sim (t8 \leq ti < t10 . VE \, ti, c, s1)$

Und aus (5), (29) und (31) ist (32) ableitbar.

(32) $HE \, t10, c, s1$

Damit sind die Bedingungen für die Ableitung der Anweisung zu dem angestrebten Leistungsurteil erfüllt. Aus (1), (2), (2'), (3), (4) und (32) ist (33) ableitbar.

(33) $!U \, (!H \, d, s1, c):$ fälle das Urteil: „d gib dem c die
  Sache $s1$ heraus!"!

Wären die Bedingungen der §§ 985, 929 (in beiden Fällen) und 950 BGB nicht erfüllt und demnach die Urteilsanweisung nicht ableitbar, so wäre ein Urteil des obigen Tenors — jedenfalls unter Verweis auf diese Rechtssätze — nicht zu rechtfertigen. Die Einschränkung ist erforderlich, weil ein „Anspruch" auf Herausgabe einer Sache noch anders begründet werden kann. Ist es nicht möglich, ein Urteil mit dem angestrebten Tenor zu rechtfertigen, sei es, weil die vorgebrachten Behauptungen nicht alle Bedingungen mindestens einer vollständigen Rechtsform erfüllen, die Urteile mit solchem Tenor anordnet, sei es, daß sie sich nicht beweisen lassen und deshalb die Sätze, die das Vorliegen der Bedingungen behaupten, nicht als Prämissen zur Ableitung einer Urteilsanweisung herangezogen werden dürfen, so muß der Richter die Klage als unbegründet abweisen. Auch das geschieht in Form eines Urteils. Soll auch dieses Urteil dem vorgeschlagenen Kriterium zur Rechtfertigung von Urteilen genügen, so muß eine Norm unterstellt werden, die für alle Fälle, für die nicht andere Urteile angeordnet sind, die Klageabweisung vorschreibt[82].

---

[82] *Engisch:* Logische Studien, a.a.O., p. 13.

6. Konstruktion vollständiger Rechtssätze
ohne eingeschobene Terme

Wie sich gezeigt hat, ist aus den §§ 929, 950 und 985 BGB sowie dem im Gesetzestext nicht kodifizierten, sondern nur implizit enthaltenen Rechtssatz über Eigentumsverlust (21) und wahren Sätzen, die behaupten, daß die Anfangsbedingungen dieser Rechtssätze vorliegen, eine Anweisung an den zuständigen Richter ableitbar, ein Urteil auf Herausgabe einer Sache zu fällen.

Alle genannten Rechtssätze sind unvollständig in dem Sinne, daß aus ihnen und den Sätzen über ihre Anfangsbedingungen allein die Urteilsanweisung nicht abgeleitet werden kann. Aus ihrer Konjunktion ist jedoch ein in diesem Sinne vollständiger Rechtssatz konstruierbar, der den gleichen Fall in der gleichen Weise zu lösen erlaubt und keines der Prädikate „HE", „EE" oder „VE" enthält.

Um das zu zeigen, werden die im Gesetz explizit enthaltenen Rechtssätze zunächst einander konjunktiv zugeordnet. Zwar ist die Reihenfolge der Glieder einer Konjunktion prinzipiell beliebig, aber die mit dieser Konjunktion beabsichtigten Umformungen legen nahe, ihren Gliedern von vornherein eine bestimmte Reihenfolge zu geben, teils damit nicht spätere Umstellungen nötig werden, teils der besseren Übersicht wegen. Jedes der Glieder hat die Form einer Subjunktion. Schließlich soll aber nur eine Subjunktion übrig bleiben, welche die hinreichenden (also alle) Bedingungen der Urteilsanweisung nennt. In diesem Satz steht die Formel für die Urteilsanweisung auf der rechten Seite des Subjunktionszeichens und alle anderen auf der linken. Der unvollständige Rechtssatz mit der Formel für die Urteilsanweisung (§ 985) erhält deshalb die von links nach rechts bzw. von oben nach unten letzte Stelle der Konjunktion. Bei der Lösung des oben unter (5) entwickelten Falles muß ermittelt werden, ob drei Personen, a, b, c zu drei verschiedenen Zeitpunkten Eigentümer derselben Sache sind. Der besseren Übersicht wegen empfiehlt es sich, die Rechtssätze in der Reihenfolge zu schreiben, daß das Konsequens eines Satzes, der eine Aussage über den Eigentumserwerb einer Person an einer Sache abzuleiten erlaubt, jeweils neben dem Antecedens des Satzes steht, der das Eigentum dieser Person an der Sache voraussetzt. Damit ergibt sich die Reihenfolge: § 950 (in der Formulierung (11), also Abs. 1), § 929, § 985 BGB. Um zu gewährleisten, daß die Rechtssätze auch in der Konjunktion die verschiedenen Instanzen des Eigentumserwerb von a, b und c an einer Sache regeln können, müssen hinreichend viele neue Variable eingeführt werden.

(34) $(m)\ (s)\ (p, r)\ (ta)\ (M, M')\big((E\ s')\ \{HS\ ta, m, s, s'\ .\ BW\ s\ .$

§ 950 $.\ (M = \{s\}\ .\ W\,(M, p)\ .\ M' = \{s':HS\ ta, m, s, s'\}\ .$
          $.\ W\,(M', r) \supset\ \sim ((p-r) <\!< r))\} \supset EE\ ta, m, s)$

§ 929 $.\ (m, t)\ (s)\ (td)\ (HE\ td, m, s\ .\ BW\ s\ .\ G\ td, m, t, s\ .$
          $.\ U\ td, m, t, s \supset VE\ td, m, s\ .\ EE\ td, t, s)$

§ 929 $.\ (t, w)\ (s)\ (tg)\ (HE\ tg, t, s\ .\ BW\ s\ .\ G\ tg, t, w, s\ .$
          $.\ U\ tg, t, w, s \supset VE\ tg, t, s\ .\ EE\ tg, w, s)$

§ 985 $.\ (w, y, z)\ (s)\ (tk)\ (HE\ tk, w, s\ .\ BW\ s\ .\ B\ tk, y, s\ .$
          $.\ w \neq y\ .\ AH\ tk, w, y, s, z \supset\ !U\ (!H\ y, s, z)\big)$

Aus den Konsequentes der §§ 929 werden die mit „EE" konjunktiv verknüpften Bestandteile entfernt. In Bezug auf den einzelnen Satz ist diese Operation zulässig, weil sei seinen Gehalt herabsetzt — aus „$a \supset b\,.\,c$" sind „$a \supset b$" und „$a \supset c$" ableitbar — und für die Lösung des vorliegenden Falles kommen die eliminierten Teile der „Rechtsfolgen" nicht in Betracht. In den §§ 929 und 985 wird das Prädikat „HE" mit Hilfe der Definition (5) durch sein Definiens ersetzt.

(35) $(m)\ (s)\ (p, r)\ (ta)\ (M, M')\ ((E\ s')\ \{HS\ ta, m, s, s'\ .\ BW\ s\ .$

§ 950 $.\ (M = \{s\}\ .\ W\,(M, p)\ .\ M' = \{s': HS\ ta, m, s, s'\}\ .$
          $.\ W\,(M', r) \supset ((p-r) <\!< r))\} \supset EE\ ta, m, s)$

§ 929 $.\ (m, t)\ (s)\ (td)\ (\{(E\ tb)\ (tb < td\ .\ EE\ tb, m, s\ .$
          $.\ (tc) \sim (tb \leq tc < td\ .\ VE\ tc, m, s))\}\ .\ BW\ s\ .$
          $.\ G\ td, m, t, s\ .\ U\ td, m, t, s \supset EE\ td, t, s)$

§ 929 $.\ (t, w)\ (s)\ (tg)\ (\{(E\ te)\ (te < tg\ .\ EE\ te, t, s\ .$
          $.\ (tf) \sim (te \leq tf < tg\ .\ VE\ tf, t, s))\}\ .\ BW\ s\ .$
          $.\ G\ tg, t, w, s\ .\ U\ tg, t, w, s \supset EE\ tg, w, s)$

§ 985 $.\ (w, y, z)\ (s)\ (tk)\ (\{(E\ th)\ (th < tk\ .\ EE\ th, w, s\ .$
          $.\ (ti) \sim (th \leq ti < tk\ .\ VE\ ti, w, s))\}\ .\ BW\ s\ .$
          $.\ B\ tk, y, s\ .\ w \neq y\ .\ AH\ tk, w, y, s, z$
          $\supset\ !U\ (!H\ y, s, z))$

Anschließend wird mit Hilfe des im Gesetz implizit enthaltenen Rechtssatzes über Eigentumsverlust das Prädikat „VE" eliminiert. Der Rechtssatz (21) erlaubt nicht die Eliminierung von „VE" allein, sondern nur die eines Ausdruckes von der Form „$\sim (th \leq ti <$

$< tk . VE\ ti, x, s)$". Das genügt aber, da „VE" nur in dieser Kombination vorkommt. Genau genommen erfolgt die Substitution in folgenden Schritten: Die (All-)Quantoren in (21) werden — bei Bijunktionen ist das möglich[83] — auf die beiden Seiten verteilt. Die durch Punkte angedeuteten Quantoren und „(y)" laufen auf der rechten Seite leer und können dort entfallen[83]. Die übrigen Quantoren binden auf beiden Seiten Variable und können, wenn man (21) als Definition behandelt, auf beiden Seiten entfallen. Für die nun frei gewordenen Variablen können beliebige andere substituiert werden. Die auf der linken Seite (im Definiens) verbliebenen Quantoren müssen an den Ort übernommen werden, an dem der Ausdruck, der „VE" enthält, substituiert wird. Auch „y" kann natürlich im Operator und im Operanden durch eine andere Variable substituiert werden. Außerdem werden die Allquantoren den unvollständigen Rechtssätzen der Konjunktion vorangestellt.

(36) $(m, t, w, y, z)\ (s)\ (p, r)\ (ta, td, tg, tk)\ (M, M')$

§ 950 $\big(((E\ s')\ \{HS\ ta, m, s, s'\ .\ BW\ s\ .\ (M = \{s\}\ .\ W\ (M, p)$

          $.\ M' = \{s' : HS\ ta, m, s, s'\}\ .\ W\ (M', r)$

          $\supset\ \sim ((p-r) << r))\}\ \supset\ EE\ ta, m, s)$

§ 929 $.\ (\{(E\ tb)\ (tb < td\ .\ EE\ tb, m, s\ .\ \{(o, ..)\ (..)\ (tc, ..)$

          $\sim (tb \leq tc < td\ .\ ((BW\ s\ .\ G\ tc, m, o, s\ .\ U\ tc, m, o, s)$

          $v\ (..)\ v\ ---\ v\ (..)))\})\}\ .\ BW\ s\ .\ G\ td, m, t, s$

          $.\ U\ td, m, t, s \supset EE\ td, t, s)$

§ 929 $.\ (\{(E\ te)\ (te < tg\ .\ EE\ te, t, s\ .\ \{(u, ..)\ (..)\ (tf, ..)$

          $\sim (te \leq tf < tg\ .\ ((BW\ s\ .\ G\ tf, t, u, s\ .\ U\ tf, t, u, s)$

          $v\ (..)\ v\ ---\ v\ (..)))\})\}\ .\ BW\ s\ .\ G\ tg, t, w, s$

          $.\ U\ tg, t, w, s \supset EE\ tg, w, s)$

§ 985 $.\ (\{(E\ th)\ (th < tk\ .\ EE\ th, w, s\ .\ \{(x, ..)\ (..)\ (ti, ..)$

          $\sim (th \leq ti < tk\ .\ ((BW\ s\ .\ G\ ti, w, x, s\ .\ U\ ti, w, x, s)$

          $v\ (..)\ v\ ---\ v\ (..)))\})\}\ .\ BW\ s\ .\ B\ tk, y, s\ .$

          $.\ w \neq y\ .\ AH\ tk, w, y, s, z \supset\ !U\ (!H\ y, s, z)))\big)$

Der vorstehende Satz ist im Gegensatz zu allen bisherigen Rechtssätzen *vollständig*. Er nennt die hinreichenden Bedingungen für die Anweisungen zu Urteilen, welche Fälle wie den oben unter (5) entwickelten entscheiden. Von den Prädikaten, die irgendwie zu einem subjektiven Recht „Eigentum" in Beziehung gesetzt werden könnten, enthält er nur noch „EE". Dieses Prädikat ist nicht durch eine logische Ableitung der Form $(a \supset b)\ .\ (b \supset c)\ \dfrac{L}{\leq}$

---

[83] *Carnap*, Rudolf: Einführung in die symbolische Logik, 2. Aufl., Wien 1960, p. 52.

($a \supset c$) eliminierbar, weil es in den Antecedens jeweils Glied einer Konjunktion von Formeln ist, in denen eine Variable durch denselben Existenzquantor gebunden wird. Aus dieser Konjunktion kann es nicht herausgelöst werden.

Aber „EE" kann durch Substitution entfernt werden. Zwar steht dazu kein Ausdruck zur Verfügung, der „EE" äquivalent wäre, aber es stehen Sätze zur Verfügung, die „EE" material implizieren. An und für sich sind diese Sätze als Substitut für „EE" zu gehaltvoll, denn damit, daß jemand Eigentum an einer Sache erwirbt, steht noch nicht fest, daß die Bedingungen eines bestimmten Satzes, dessen Antecedens für „EE" substituiert wurde, erfüllt sind. Ist das aber der Fall, so wäre, wenn der Satz, dessen Antecedens substituiert wurde, einzeln angewandt würde, die Aussage ableitbar, daß jemand Eigentum erwirbt. Sind sie nicht erfüllt, wohl aber die eines anderen Rechtssatzes über Eigentumserwerb, so ist der vollständige Rechtssatz, in dem für „EE" substituiert wurde, nicht anwendbar. Die Substitution des Antecedens eines Satzes, der „EE" im Konsequens enthält, für „EE" im Antecedens eines anderen Satzes hat also nur dann unvertretbare Konsequenzen, wenn der letztere zur Ableitung von Aussagen über die *Art* des Eigentumserwerbs benützt wird. Gerade das geschieht bei der Lösung von „Fällen" aber nicht. Deshalb ist es im gegebenen Kontext zulässig, „EE" in dieser Weise zu substituieren.

Damit der Fall aus Kap. 5 gelöst werden kann, muß „EE" jeweils durch das Antecedens desjenigen unvollständigen Rechtssatzes substituiert werden, dessen Bedingungen bei der betreffenden Instanz von Eigentumserwerb erfüllt waren. Da der vollständige Rechtssatz (36) zur Lösung dieses Falles geeignet ist, kann für eine Formel, die aus „EE" mit bestimmten Variablen besteht, jeweils das Antecedens des (unmittelbar vorangehenden) Rechtssatzes substituiert werden, der „EE" ja im Konsequens enthält. Dadurch entsteht ein *vollständiger Rechtssatz, in dessen Antecedens die Antecedentes der unvollständigen Rechtssätze ineinander verschachtelt sind.*

(37) $(w, y, z)\ (tk)\ (s)\ \left(^{985}\ \{(E\ th)\ \left\{^{985}\ (t)\ \left(^{929,2}\ \{(E\ te)\ \left\{^{929,2}\ (m) \right.\right.\right.\right.$

$\left(^{929,1}\ \{(E\ tb)\ \left\{^{929,1}\ \left(^{950}\ (p, r)\ (M, M')\ (E\ s') \right.\right.\right.$

$\left\{^{950} HS\ tb, m, s, s'\ .\ BW\ s\ .\ (M = \{s\})\ .\ W\ (M, p)\ . \right.$

$.\ M' = \{s': HS\ tb, m, s, s'\}\ .\ W\ (M', r)$

$\supset \sim ((p-r) << r))^{950}\}\ ^{950}\right)\ .\ tb < te\ .\ \{(o, ..)\ (..)$

$$(tc, ..) \sim (tb \leq tc < te \, . \, ((BW\,s \, . \, G\,tc, m, o, s \, .$$
$$. \; U\,tc, m, o, s) \lor (..) \lor --- \lor (..)))\}^{929,1}\}\,\}$$
$$. \; BW\,s \, . \, G\,te, m, t, s \, . \, U\,te, m, t, s^{929,1}) \, . \, te < th$$
$$. \; \{(u, ..) \, (..) \, (tf, ..) \sim (te \leq tf < th \, . \, ((BW\,s \, .$$
$$. \; G\,tf, t, u, s \, . \, U\,tf, t, u, s) \lor (..) \lor --- \lor (..)))\}$$
$$^{929,2}\}\} \, . \, BW\,s \, . \, G\,th, t, w, s \, . \, U\,th, t, w, s^{929,2})$$
$$. \; th < tk \, . \, \{(tx, ..) \, (..) \, (ti, ..) \sim (th \leq ti < tk \, .$$
$$. \; ((BW\,s \, . \, G\,ti, w, x, s \, . \, U\,ti, w, x, s) \lor (..) \lor --$$
$$-- \lor (..)))\}^{\,985}\}\} \, . \, BW\,s \, . \, B\,tk, y, s \, . \, w \neq y \, .$$
$$. \; AH\,tk, w, y, s, z \supset \, !U\,(!H\,y, s, z)^{985})$$

Es ist also ein vollständiger Rechtssatz konstruierbar, der den in Kapitel 5 entwickelten Fall in der gleichen Weise zu lösen erlaubt, wie die dort angeführten unvollständigen Rechtssätze, der aber im Gegensatz zu diesen kein Prädikat enthält, das sich in irgendeiner Weise auf ein „subjektives Recht Eigentum" bezieht. Allerdings ist seine Anwendbarkeit sehr begrenzt. Mit ihm lassen sich nur Fälle lösen, in denen eine Person w eine Sache herausverlangt, die sie durch Einigung und Übergabe von einer Person t erworben hat, welche sie in gleicher Weise von einer Person m erwarb, die die Sache hergestellt hat.

In prinzipiell der gleichen Weise wie (37) läßt sich aber ein sehr viel komplizierterer vollständiger Rechtssatz konstruieren, der alle möglichen „eigentumsrechtlichen Fälle" regelt, also *das gesamte „Eigentumsrecht" kodifiziert, ohne „Eigentum" in irgendeiner Weise zu erwähnen.*

Dabei beginnt man zweckmäßig mit unvollständigen Rechtssätzen, die eine Urteilsanweisung u. a. vom Eigentum einer Person an einer Sache abhängig machen. Alle diese Sätze enthalten, wenn sie symbolisiert sind, „HE" im Antecedens, konjunktiv verknüpft mit anderen Bedingungen. Aus diesen Sätzen, deren Form sich mit „$c \, . \, d \supset e$", „$c \, . \, f \supset g$" andeuten läßt, wird dann „HE", hier vertreten durch „c", herausgelöst, indem die Sätze zunächst zu „$c \supset (d \supset e)$", „$c \supset (f \supset g)$" umgeformt werden. Die Konjunktion von „$c \supset (d \supset e)$" und „$c \supset (f \supset g)$" aber ist äquivalent „$c \supset ((d \supset e) \, . \, (f \supset g))$". In der Konjunktion aller unvollständigen Rechtssätze über Ansprüche aus dem Eigentum braucht „HE" also nur einmal vorzukommen. Sie kann hier nur durch zwei ihrer Glieder, § 985 und § 951 (soweit dieser an § 950 anschließt, s. o. (11')) angedeutet werden.

Als für den Entschädigungsanspruch irrelevant[84] kann „VE" in (11′) fallen gelassen werden. Dann wird der Ausdruck vor dem zweiten Subjunktionszeichen importiert[85]. Nach dieser Vorbereitung kann „HE" aus § 985 und § 951 wie oben angedeutet herausgelöst werden und die verbleibenden Teile dieser Rechtssätze können konjunktiv miteinander verknüpft werden.

(38) § 985 (w, y, z) (tk) (s) $(HE\ tk, w, s\ .\ BW\ s\ .\ B\ tk, y, s\ .\ w \neq y$

§ 951 $.\ AH\ tk, w, s, z \supset\ !U\ (!H\ y, s, z))$

(950) $.\ (u, w)\ (s)\ (p, r, n)\ (tk, tl)\ (M, M')\ ((E\ s')\ \{HS\ tk, u, s', s\ .$

$.\ BW\ s'\ .\ (M = \{s'\}\ .\ W\ (M, p)\ .\ M' = \{s: HS\ tk, u, s', s\}$

$.\ W\ (M', r) \to\ \sim ((p - r) << r))\}\ .\ HE\ tk, w, s\ .\ w \neq u$

$.\ AUV\ tl, w, s, u, n\ .\ tk \leq tl \supset\ !U\ (!Z\ u, w, n))$

„HE" wird ausgeklammert.

(39) $(u, w, y, z)\ (s)\ (p, r, n)\ (tk, tl)\ (M, M')\ \big(HE\ tk, w, s$

$\supset \big\{(BW\ s\ .\ B\ tk, y, s\ .\ w \neq y\ .\ AH\ tk, w, y, s, z$

$\supset\ !U\ (!H\ y, s, z)\big).\big((E\ s')\ \{HS\ tk, u, s'\ s\ .\ BW\ s'\ .$

$(M = \{s'\}\ .\ W\ (M, p)\ .\ M' = \{s: HS\ tk, u, s', s\}\ .$

$.\ W\ (M', r) \supset\ \sim ((p - r) << r))\}\ .\ w \neq u\ .$

$.\ AUV\ tl, w, s, u, n\ .\ tk \leq tl \supset\ !U\ (!Z\ u, w, n)\big\}\big)$

Mit Hilfe der Definition (5) kann jetzt für „HE" wieder das Definiens substituiert werden und das darin enthaltene Prädikat „VE" kann mit dem Rechtssatz über Eigentumsverlust (21) eliminiert werden.

(40) $(u, w, y, z)\ (s)\ (p, r, n)\ (tk, tl)\ (M, M')\big((E\ th)\ \big\{ th < tk\ .$

$.\ EE\ th, w, s\ .\ \{(x, ..)\ (..)\ (ti, ..) \sim (th \leq ti < tk\ .$

$.\ ((BW\ s\ .\ G\ ti, w, x, s\ .\ U\ ti, w, x, s)\ v\ (..)\ v --$

$-- v\ (..)))\}\big\} \supset \big\{(BW\ s\ .\ B\ tk, y, s\ .\ w \neq y\ .$

$.\ AH\ tk, w, y, s, z \supset\ !U\ (!H\ y, s, z)\big)\ .\ \big((E\ s')\ \{HS\ tk, u, s', s$

$.\ BW\ s'\ .\ (M = \{s'\}\ .\ W\ (M, p)\ .\ M' = \{s: HS\ tk, u, s', s\}$

$.\ W\ (M'\ r) \supset\ \sim ((p - r) << r))\}\ .\ w \neq u\ .$

$.\ AUV\ tl, w, s, u, n\ .\ tk \leq tl \supset\ !U\ (!U\ (!Z\ u, w, n)\big\}\big)$

Auch „EE" kann wieder substituiert werden, diesmal, da das gesamte Eigentumsrecht kodifiziert werden soll, aber nicht durch

---

[84] Die Bedingungen des Eigentumsverlustes sind in denen des Entschädigungsanspruches enthalten. Der Eigentumsverlust braucht deswegen nicht getrennt als Bedingung des Entschädigungsanspruches aufgeführt zu werden.

[85] In (11′) werden die Variablen „s" und „s'" gegeneinander ausgetauscht, so daß „HE" hier die gleichen Variablen führt wie in § 985. Das ändert seine Bedeutung nicht — „s" und „s'" gehören zur gleichen Sorte von Variablen — ist aber erforderlich, damit „HE" ausgeklammert werden kann.

das Antecedens *eines Rechtssatzes* über Eigentumserwerb, sondern durch die Disjunktion der Antecedentes *aller* Rechtssätze über Eigentumserwerb. Ein Teil dieser Rechtssätze enthält seinerseits „HE" im Antecedens. In jedem dieser Sätze kann „HE" wieder durch sein Definiens (5) ersetzt werden und im Definiens „VE" mit Hilfe des Rechtssatzes (21). Das verbleibende Prädikat „EE" kann wieder durch die Disjunktion der Antecedentes aller Rechtssätze über Eigentumserwerb ersetzt werden.

Dieser Prozeß muß solange fortgeführt werden, bis der Satz umfangreich genug ist, um auch den Fall mit der größten tatsächlich vorkommenden Zahl von Instanzen von Eigentumserwerb zu lösen. Niemand kann sagen, wann diese Bedingung erfüllt ist. Sicher bleibt der Ausdruck aber endlich, denn zu den Bedingungen aller Eigentumsübergänge gehören Vorgänge von endlicher zeitlicher Ausdehnung, meist Handlungen wie Einigung und Übergabe oder Verarbeitung, aber z. B. auch der Tod des Erblassers. Da andererseits das Eigentumsrecht des BGB und alle seine Vorgänger, von denen das BGB mehr oder weniger abweicht, erst endliche Zeit gelten, kann es noch keinen Fall geben, der eine unendliche Anzahl von Instanzen von Eigentumserwerb involviert. Dieser Fall wäre auch unabhängig von der Art der Formulierung der Gesetze unlösbar, weil die Prüfung jeder einzelnen Instanz von Eigentumserwerb durch den Richter einen endlichen Zeitraum in Anspruch nimmt und die Prüfung des gesamten Falles damit einen unendlichen, aber kein Richter unendlich viel Zeit hat. Allein deshalb erübrigt es sich, den Ausdruck so umfangreich zu schreiben, daß zu einem unendlich entfernten zukünftigen Zeitpunkt ein Fall mit unendlich vielen Eigentumsübergängen gelöst werden könnte.

De facto werden außerdem i. a. nur wenige Eigentumsübertragungen zurückverfolgt, teils wegen der Möglichkeit originären Eigentumserwerbs, von denen der Erwerb durch Verarbeitung vor allem in der industriellen Güterproduktion wichtig ist, teils, weil die Eigentumsvermutung des § 1006 BGB dem Richter in ziemlich weiten Grenzen erlaubt, zu unterstellen, der Besitzer einer Sache sei auch ihr Eigentümer.

(41) (u, w, y, z) (s) (p, r, n) (tk, tl) (M, M') $(^1 (E\ th) \{\, ^2\ HE\ (^3\ EE$
$(t) (^4\ 929\ (E\ tf) \{\, ^5\ HE\ (^6\ EE\ (m) (^7\ 929\ (E\ td) \{\, ^8\ HE$

§ 950 $(^9\ EE\ (p',\ r)\ (M'',\ M''')\ (E\ s'')\ \{HS\ td, m, s, s''\ .\ BW\ s\ .$

$.\ (M''' = \{s\}\ .\ W\ (M''', p')\ .\ M'' = \{s'' : HS\ td, m, s, s''\}$

$.\ W\ (M'', r') \supset\ \sim ((p' - r') \ll r'))\}\, ^9)$

§ 929 $\quad$. $td < tf$. $\{(o, ..) (..) (te, ..) \sim (td \leqq te < tf$.

$\qquad$. $((BW\,s$. $G\,te, m, o, s$. $U\,te, m, o, s)$ v $(..)$ v $- -$

$\qquad$ $- -$ v $(..)))\}^{8}\}$. $BW\,s$. $G\,tf, m, t, s$. $U\,tf, m, t, s^{7})$

§ 950 $\quad$ v $(p', r') (M'', M''') (E\,s'') \{HS\,tf, t, s, s''$. $BW\,s$.

$\qquad$. $(M''' = \{s\}$. $W(M''', p')$. $M'' = \{s'': HS\,tf, t, s, s''\}$

$\qquad$. $W(M'', r') \supset \sim ((p' - r') << r'))\}^{6})$

§ 929 $\quad$. $tf < th$. $\{(u, ..) (..) (tg, ..) \sim (tf \leqq tg < th$.

$\qquad$. $((BW\,s$. $G\,tg, t, u, s$. $U\,tg, t, u, s)$ v $(..)$ v $- -$

$\qquad$ $- -$ v $(..)))\}^{5}\}$. $BW\,s$. $G\,th, t, w, s$. $U\,th, t, w, s^{4})$

§ 950 $\quad$ v $(p', r') (M'', M''') (E\,s'') \{HS\,th, w, s, s''$. $BW\,s$.

$\qquad$. $(M''' = \{s\}$. $W(M''', p')$. $M'' = \{s'': HS\,th, w, s, s''\}$

$\qquad$. $W(M'', r') \supset \sim ((p' - r') << r'))\}^{3})$

$\qquad$. $th < tk$. $\{(tx, ..) (..) (ti, ..) \sim (th \leqq ti < tk$.

$\qquad$. $((BW\,s$. $G\,ti, w, x, s$. $U\,ti, w, x, s)$ v $(..)$ v $- -$

$\qquad$ $- -$ v $(..)))\}^{2}\}$

§ 985 $\quad$ $\supset \{(BW\,s$. $B\,tk, y, s$. $w \neq y$. $AH\,tk, w, y, s, z$

$\qquad$ $\supset\;!U\,(!H\,y, s, z))$. $(E\,s') \{HS\,tk, u, s'\,s$. $BW\,s'$.

§ 951
(950) $\quad$. $(M = \{s'\}$. $W(M, p)$. $M' = \{s: HS\,tk, u, s'\,s\}$.

$\qquad$. $W(M', r) \supset \sim ((p - r) << r))\}$. $w \neq u$.

$\qquad$. $AUV\,tl, w, s, u, n$. $tk \leqq tl \supset\;!U\,(!Z\,u, w, n))\}\;\}^{1})$

Der Satz hat den zur Lösung aller eigentumsrechtlichen Fälle erforderlichen Umfang erreicht, wenn er n aufeinanderfolgende Instanzen des Erwerbs von Eigentum an derselben Sache regelt und es keinen Fall gibt, der mehr als n Instanzen involviert. In der n-ten Serie von Substitutionen für „EE" brauchen dann nur noch die Antecedentes derjenigen Rechtssätze über Eigentumserwerb, welche nicht ihrerseits „HE" im Antecedens enthalten, für „EE" eingesetzt zu werden, denn die nochmalige Prüfung des Eigentums einer Person an einer Sache beträfe die $n + 1$te Instanz von Eigentumserwerb an derselben Sache.

Unabhängig von der Komplexität der von Gerichten tatsächlich entschiedenen Fälle braucht der Satz aber aus einem anderen Grunde nicht unübersehbar ausgedehnt kodifiziert zu werden. Nach zwei aufeinander folgenden Einsetzungen für „EE" ist an dem dann vorliegenden Satz das Bildungsgesetz für die Konstruktion eines Satzes erkennbar, der Fälle von beliebiger Komplexität zu lösen erlaubt.

Ein Satz, der nur den Eigentumserwerb gem. §§ 929 und 950 (11) berücksichtigt und Fälle mit maximal drei Instanzen von Eigentumserwerb zu regeln erlaubt, soll die Struktur des Eigentumsrechts andeuten. (Die Zeichen „HE", „EE", „929" an Klammern geben an, was für ein Ausdruck durch den Klammerinhalt substituiert wurde.)

7. Existenz und Wesen subjektiver Rechte

Das gesamte Eigentumsrecht kann in Gestalt eines einzigen vollständigen Rechtssatzes kodifiziert werden, der keinen eingeschobenen Term enthält, keinen Ausdruck also, der sich in irgend einer Weise auf das Eigentum einer Person an einer Sache zu einem Zeitpunkt bezöge. (Satz (41) deutet diesen Rechtssatz an.) Die semantische Bedeutung solcher Ausdrücke braucht nicht diskutiert zu werden.

Die Verwendung einer Menge unvollständiger Rechtssätze, welche eingeschobene Terme, im „Eigentumsrecht" „HE", „EE" und „VE" enthalten, anstelle jeweils eines vollständigen Rechtssatzes, der diese Terme nicht enthält, erlaubt eine erheblich ökonomischere Darstellung der in diesem Rechtssatz enthaltenen rechtlichen Regelungen. Aus jeder Menge solcher unvollständigen Rechtssätze, die einen „Fall" zu entscheiden erlaubt, ist jedoch ein vollständiger Rechtssatz konstruierbar, der zwar weit weniger umfassend als der oben erwähnte ist (41), aber denselben Fall zu lösen erlaubt und ebenfalls keinen eingeschobenen Term enthält. (Satz (37) deutet einen solchen Rechtssatz an.) *Auch wenn zur Abkürzung der Darstellung rechtlicher Regelungen eingeschobene Terme verwandt werden, brauchen sie deshalb nicht wie andere Prädikate eine semantische Bedeutung zu haben. Ihre etwaige Interpretation ist vielmehr ohne Einfluß auf den Sinn der Rechtssätze, in denen sie vorkommen.*

Die Verwendung eingeschobener Terme impliziert auch nicht die Annahme der Existenz irgendwelcher Entitäten. Für „VE" und vergleichbare Prädikate betreffend andere „subjektive Rechte" versteht sich das von selbst, denn Rechtssätze wie (21) können als Definitionen betrachtet werden, durch welche die Bedeutung von Prädikaten wie „VE" festgelegt wird. Für „EE" und vergleichbare Prädikate läßt sich zwar kein Definiens, auch kein rekursives, angeben, aber immerhin ein *Bildungsgesetz* des Definiens, das ebenso wie ein vollständig formuliertes Definiens die Eliminierung des Definiendums erlaubt. „HE" und vergleichbare Prädikate wiederum sind mit „EE" und „VE" bzw. vergleichbaren Prädikaten definierbar.

Aber auch wenn keines dieser Prädikate eliminierbar wäre, müßte nicht die Existenz von Entitäten wie etwa des „Eigentums einer Person an einer Sache zu einem Zeitpunkt" unterstellt werden, denn „HE", „EE", „VE" etc. sind Prädikatkonstante. Beim gegenwärtigen Stand der Logik und der Philosophie gilt jedoch nur noch der Gebrauch gebundener Variabler als zu einer Ontologie verpflichtend. Sie beinhaltet die Existenz von Entitäten im Bereich der Variablen[86]. Der Verfasser ist der Ansicht, daß sich auch die Entbehrlichkeit einer solchen Ontologie zeigen läßt, aber die Haltbarkeit dieser Ansicht ist für die vorliegende Arbeit irrelevant.

Darüber hinaus läßt sich mit einem Prädikat wie „HE" nicht einmal die übliche Vorstellung von einer Entität verbinden, welche beinhaltet, daß die Existenz der Entität nicht enden kann, ohne daß sie zuvor begonnen hätte.

Gelegentlich werden Urteile mit einem Hinweis auf das „Wesen" eines „subjektiven Rechtes", eines Rechtsverhältnisses, einer rechtlich geregelten Institution usw. begründet[87]. *Wenn das „Wesen" „subjektiver Rechte" etc. für den Inhalt der an den Richter adressierten Urteilsanweisungen relevant ist, kann es jedenfalls nicht in der semantischen Regel eines Prädikates, das sich auf dieses subjektive Recht zu beziehen scheint, oder in Eigenschaften, die dieses subjektive Recht als Entität hätte, festgelegt sein.*

---

[86] *Quine,* Willard van Orman: On What There Is, in: Quine, From a Logical Point of View, New York 1963, p. 12, 13. *Ward Waddel* hat in „Structure of Laws as Represented by Symbolic Methods", San Diego 1961 allgemeine Formeln für den Fortbestand und das Erlöschen von Pflichten angegeben, in denen er neben Variablen für Personen und Zeitpunkte auch solche für Pflichten verwendet. Seine Formel für den Fortbestand von Pflichten lautet:

$$C(p) \supset \{D(u, a, p, b) \supset (u < t \cdot (v)(u < v \cdot v < t$$
$$\vee \, v = t \supset \sim Dis(v, a, p, b)) \supset D(t, a, p, b))\}$$

dabei bedeutet

$C(p)$: p besteht entsprechend der Regel
$D(u, a, p, b)$: z. Z. u besteht die Verpflichtung p zwischen a und b
$Dis(v, a, p, b)$: z. Z. v erlischt die Verpflichtung p zwischen a und b

[87] In seinem Aufsatz „Das Wesen des Wesens. Studien über das sogenannte Wesensargument im juristischen Begründen" in: AcP 163, 1964, p. 429 - 471 hat *Scheuerle* solche Begründungen untersucht. Er lehnt sie als Kryptoargumente ab, die anderes verbergen, dadurch gegen die Forderung der methodischen Offenheit verstoßen und bisweilen nicht einmal mehr rechtsstaatliche Praktiken sind (p. 470, 471).

8. Feststellungs- und Gestaltungsurteile

Bisher wurden nur Anweisungen zu Leistungsurteilen behandelt. Leistungsurteile ordnen Handlungen oder Unterlassungen an. Eine Leistung kann z. B. in der Herausgabe einer Sache (§ 985 BGB), in der Zahlung eines Kaufpreises (§ 433 BGB) oder der Erstattung von Schadensersatz (§ 823 BGB) bestehen, aber auch in einer Unterlassung (§ 241 BGB)[88].

Außerdem gibt es im Zivilprozeß Feststellungs- und Gestaltungsurteile. Feststellungsurteile beinhalten „die Feststellung einer Rechtsfolge, des Bestehens (oder Nichtbestehens) eines Rechtes oder Rechtsverhältnisses"[89]. Gestaltungsurteile gestalten eine Rechtslage um und schaffen eine neue[90].

Interpretiert man alle vollständigen Rechtssätze als generelle konditionalisierte Anweisungen an den Richter und legt man Wert auf die Möglichkeit, auch Feststellungs- und Gestaltungsurteile zu rechtfertigen, indem man zeigt, daß sie eine Anweisung an einen Richter beenden[91], so benötigt man Rechtsnormen, die solche Urteile anordnen.

Während „die Gestaltungsklage grundsätzlich nur da zulässig (ist), wo sie besonders, meist im materiellen Recht, angeordnet ist"[92], gibt es „keinen materiellrechtlichen Anspruch auf Feststellung.... Die Feststellungsklage ist vielmehr eine Form der prozessualen Geltendmachung materieller Rechte"[93]. Rechtsnormen, die Feststellungsurteile mit einem bestimmten Tenor anordnen, sind also im Gesetz nicht explizit enthalten. Aber auch der Rechtssatz (21), der den Eigentumsverlust regelt und entsprechende Rechtssätze, die den Verlust anderer subjektiver Rechte regeln, sind im Gesetz nur implizit enthalten.

Urteile, die das Bestehen eines Rechtes *feststellen*, setzen voraus, daß die Bedingungen für das Bestehen des Rechts sowie bestimmte prozeßrechtliche Bedingungen erfüllt sind. Sie erlauben, die Beweiserhebung über einen Teil der materiellrechtlichen Be-

---

[88] *Lent-Jauernig:* Zivilprozeßrecht, 10. Aufl., München u. Berlin 1961, p. 92.
[89] A.a.O., p. 92.
[90] A.a.O., p. 94.
[91] Zum Begriff der „Befehls-Beendigung" s. o., p. 39 f.
[92] A.a.O., p. 94.
[93] A.a.O., p. 93.

dingungen von Leistungsurteilen vorwegzunehmen, eben der
materiellrechtlichen Bedingungen, von denen sie selbst abhängen.
So erübrigt ein Urteil, welches das Eigentum einer Person an einer
Sache zu einem Zeitpunkt feststellt, die erneute Prüfung dieses
Sachverhalts in allen Verfahren, in denen über eine Leistungs-
klage entschieden wird, für die dieser Sachverhalt erheblich ist.
Andere rechtserhebliche Wirkungen hat das Feststellungsurteil
nicht.

Deshalb ist es möglich, auch bei der Formulierung des Tenors
eines Feststellungsurteils auf eingeschobene Terme zu verzichten.
Der Richter stellt mit diesem Urteil nichts anderes fest, als daß
eine Menge zusammen hinreichender Bedingungen für den Erwerb
eines Rechts oder das Entstehen eines Rechtsverhältnisses zu einem
Zeitpunkt vor dem Erlaß des Urteils erfüllt war und keine Menge
zusammen hinreichender Bedingungen für den Verlust des Rechts
bzw. das Erlöschen des Rechtsverhältnisses zu einem Zeitpunkt
zwischen dem des Erwerbs bzw. Entstehens und dem des Klageantrags erfüllt war. Seine Feststellung ließe sich mit Sätzen treffen, die diesen Sachverhalt unmittelbar behaupten. Die Formel für
den Urteilstenor müßte dann die Antecedentes aller Rechtssätze
über den Erwerb dieses Rechts oder das Entstehen des Rechtsverhältnisses und jeweils die eine Seite des Rechtssatzes über dessen
Verlust bzw. Erlöschen (bzw. das Definiens des Prädikates, das
den Verlust oder das Erlöschen ausdrückt, beim Eigentum also
das Definiens von „VE") enthalten.

Die Verwendung eines so komplizierten Ausdrucks zur Formulierung des Tenors von Feststellungsurteilen ist natürlich völlig
unökonomisch. Wie schon in den Antecedentes vollständiger
Rechtssätze, die Leistungsurteile anordnen (s. o. Kap. 5, 6), kann
er durch einen anderen von gleicher Bedeutung ersetzt werden,
der die Gestalt einer Atomformel hat (z. B. „$HE\ ti, x, s$"). Unglück-
licherweise erwecken Sätze, die mit solchen Formeln gebildet
werden, wegen des üblichen Gebrauchs von Sätzen dieser Gestalt
in der Umgangssprache, den Eindruck, sie behaupteten etwas über
die Existenz einer Entität, etwa des Eigentums einer Person an
einer Sache.

Die Formel für die Anwendung zu einem Urteil auf Feststellung
des Eigentums kann lauten:

!U ($HE\ ti, x, s$): fälle das Urteil: „x hat z. Z. ti Eigentum an s."!

Das Prädikat „HE" dient in dieser Formel zur Kennzeichnung
eines Satzes, den ein Richter zu sprechen hat.

Stellvertretend für die Gesamtheit der prozeßrechtlichen Bedingungen wird hier, wie bei der Formulierung von Anweisungen zu Leistungsurteilen, nur ein Prädikat eingeführt, das den Klageantrag ausdrückt:

$AFE\ ti, x, y, s$: z. Z. ti erhebt x Klage auf Feststellung des Eigentums des y an s.

Normalerweise sind x und y identisch. Da aber unter bestimmten Umständen auch Dritte, etwa der Vormund, diese Klage erheben können, müssen zwei unterschiedliche Variable für Kläger und Eigentümer eingeführt werden.

„Die Feststellung kann nur für die Gegenwart erfolgen, nicht für die Zukunft (z. B. Feststellung des Erbrechts am Nachlaß einer noch lebenden Person), für die Vergangenheit nur insoweit, als Auswirkungen für die Gegenwart in Frage kommen, so daß es sich im Grunde nicht um eine Feststellung für die Vergangenheit handelt[94]." Als Zeitpunkt ti im Tenor kann also die jeweilige Gegenwart eingesetzt werden. Wird, wie schon oben, der Einfachheit halber unterstellt, der Richter sei angewiesen, rechtlich relevante Sachverhalte nur zu berücksichtigen, soweit sie bis spätestens zum Zeitpunkt der Klageerhebung eintreten, so kann der Zeitpunkt im Tenor mit dem des Klageantrags und damit der Bedingung des Bestands des Rechts bzw. Rechtsverhältnisses zusammenfallen[95]. Der Rechtssatz, der die Feststellung des Eigentums einer Person an einer Sache anordnet, könnte lauten:

(42) $(x, y)\ (s)\ (ti)\ (HE\ ti, x, s\ .\ AFE\ ti, y, x, s \supset\ !U\ (HE\ ti, x, s))$

> : für alle x, y, s, ti: wenn x z. Z. ti Eigentümer der Sache s ist und y z. Z. ti Klage auf Feststellung des Eigentums des x an s erhebt, dann fälle das Urteil: „x hat z. Z. ti Eigentum an s."!

Weil das „Bestehen" eines Rechts oder Rechtsverhältnisses (hier des Eigentums, ausgedrückt durch „HE") ebenso materiellrechtliche Bedingung eines Feststellungs- wie verschiedener Leistungsurteile ist, kann man einen Rechtssatz, der anordnet, das Bestehen eines bestimmten Rechts festzustellen, unter die Rechtssätze über Ansprüche aus diesem Recht einreihen. Bei der Formulierung eines vollständigen Rechtssatzes, der ein Recht oder Rechtsverhältnis erschöpfend regelt, wird der eingeschobene Term (in (42) „HE") ausgeklammert, wie es beim Übergang von (38) auf (39) geschah und kann dann ggf. wie in (40) und (41) ganz eliminiert werden.

---

[94] *Lent*: a.a.O., p. 93.
[95] Eine Abweichung der Rechtslage z. Z. der Urteilsverkündung von der z. Z. der Klageerhebung ist dann ja unerheblich.

Rechtssätze, die *Gestaltungsurteile* anordnen, lassen sich in prinzipiell der gleichen Weise formulieren wie Rechtssätze, die Feststellungsurteile anordnen. Sie enthalten dann im Antecedens eine
Satzformel, mit welcher der Bestand eines Rechtsverhältnisses,
etwa einer Ehe oder einer Handelsgesellschaft, oder auch ein anderer Sachverhalt, etwa ein Hauptversammlungsbeschluß einer
Aktiengesellschaft ausgedrückt wird, konjunktiv verknüpft mit
anderen atomaren oder molekularen Satzformeln, welche weitere
materiellrechtliche und die prozeßrechtlichen Bedingungen ausdrücken. Im Konsequens enthalten sie fast immer eine Formel zu
einer Urteilsanweisung, deren Tenor mit einem Prädikat formuliert ist, das die Beendigung des Rechtsverhältnisses, die Aufhebung des Beschlusses etc. ausdrückt. Denn „die Gestaltung durch
Urteile im Zivilprozeß besteht fast durchweg nur in Lösung oder
Vernichtung von Rechtsverhältnissen, da die zugrunde liegenden
Gestaltungsrechte in der Regel negativer Natur sind (z. B. das
Scheidungsrecht). Das Gericht hat also nicht eine neue positive
Regelung nach seinem Ermessen an die Stelle der alten zu
setzen[96]."

Das Ergehen eines solchen Gestaltungsurteils muß disjunktiv
unter die Bedingungen des Rechtssatzes über die Beendigung des
jeweiligen Rechtsverhältnisses aufgenommen werden.

„Aus der neugeschaffenen Rechtslage können sich Ansprüche
ergeben, z. B. kann der Ehemann nach erfolgreicher Anfechtung
der Ehelichkeit (BGB §§ 1593 ff.) vom Erzeuger Ersatz des geleisteten Unterhalts verlangen, BGHZ 24, 11 ff.[97]." Als Anfangsbedingung des Rechtssatzes, der das Urteil auf Ersatzleistung anordnet,
genügt das Vorliegen des Gestaltungsurteils, weil der übrige
„Lebenssachverhalt" schon Bedingung dieses Urteils ist.

Die Herabsetzung einer Vertragsstrafe (§ 343 BGB) kann als Beendigung der Verpflichtung zur Zahlung der alten Vertragsstrafe
und gleichzeitige Begründung der Verpflichtung zur Zahlung der
neuen, niedrigeren Vertragsstrafe aufgefaßt werden. Der Urteilstenor läßt sich dann mit zwei konjunktiv verknüpften Prädikaten
formulieren, von denen eines die Beendigung der alten Verpflichtung und das andere den Beginn der neuen ausdrückt. Eine Satzformel, mit der das Ergehen eines solchen Urteils ausgedrückt
wird, muß dann sowohl in den Rechtssatz, der die Begründung von
Konventionalstrafen regelt, als auch in den, der ihre Beendigung
regelt, aufgenommen werden.

---

[96] *Lent:* a.a.O., p. 95.
[97] *Lent:* a.a.O., p. 95.

9. Rechtsgeschäfte

Dieses Kapitel soll zeigen, daß die Terme, mit denen das Zustandekommen von Verträgen, das Bestehen von Schuldverhältnissen, Vollmachten oder Ermächtigungen ausgedrückt wird, aus den gleichen Gründen prinzipiell entbehrlich sind, wie jene Terme, die sich auf das Eigentum oder andere dingliche Rechte beziehen.

Dazu werden wieder generelle konditionalisierte, an den Richter adressierte Imperative formuliert. Die Kodifizierung des Gesetzes in der hier gewählten Form erforderte für jeden klagbaren „Anspruch" einen entsprechenden Imperativ. Die Bedingung der Imperative sind im Gesetz in einer Vielzahl syntaktisch abgeschlossener, aber dem Sinn nach unvollständiger Rechtssätze niedergelegt. Diese Sätze lassen sich nun so umformulieren, daß sie Bestandteile des Antecedens eines jeden der generellen Imperative werden können, die dann dem vollständigen Rechtssatz (37) entsprechen, der in Kap. 6 schließlich abgeleitet wurde.

Zum Teil kann man die unvollständigen Rechtssätze aber stattdessen zu Definitionen von Prädikaten umformulieren, die dann in den Antecedentes der Imperative auftreten. Sie brauchen dann nur einmal in Gestalt der Definition aufgeschrieben zu werden, statt n-mal in den Antecedentes von n Imperativen. Das ist besonders wirtschaftlich bei den Vorschriften des Allgemeinen Teils des BGB und den ersten Titeln des Schuldrechts, die sich teils auf alle, teils immerhin auf viele Arten von Rechtsgeschäften beziehen. Aus diesem Grund haben auch die „Väter des BGB" diese Vorschriften den übrigen vorangestellt. Obwohl das allgemein bekannt ist, haben m. W. bisher nur zwei Autoren (Ross und Wedberg) erkannt, daß die eingeschobenen definierten Terme nicht nur diese ökonomische Funktion haben, sondern aus logischen Gründen auch gar keine andere haben können.

9.1. Verfügungsgeschäfte

Der eigentumsretliche Fall der Kapitel 5 und 6 bietet einen Anknüpfungspunkt für die Erörterung der Verfügungsgeschäfte. § 929 BGB macht die Übertragung des Eigentums an einer beweglichen Sache u. a. von der Einigung des Veräußerers und des Erwerbers über den Übergang des Eigentums abhängig. Da hier der Einfachheit halber von der Möglichkeit des zeitlichen Auseinanderfallens von Einigung und Übergabe abgesehen wird, braucht nicht das Fortbestehen der Einigung, sondern nur ihr Zustandekommen berücksichtigt zu werden[98]. Die Bedeutung des die Einigung ausdrückenden Prädikates „$U\ ti, x, y, s$" wurde bisher als vollständig durch eine semantische Regel festgelegt betrachtet. Da „die allgemeinen Voraussetzungen für den Abschluß eines Rechtsgeschäfts, über Willenserklärungen und über Verträge im besonderen ... auch für die Wirksamkeit dieser Einigung"[99] gelten, wird seine Bedeutung aber teilweise durch die unvollständigen Rechtssätze, welche jene Voraussetzungen formulieren, festgelegt. Mit diesen Rechtssätzen und mit Prädikaten, die den Mindestinhalt[100] der zur Einigung erforderlichen Erklärungen ausdrücken, läßt sich das Prädikat „$U\ ti, x, y, s$" definieren.

Zunächst soll ein unvollständiger Rechtssatz angedeutet werden, der die bürgerlich-rechtliche Regelung des Zustandekommens von Verträgen wiedergibt. Wie schon beim Eigentumsrecht kann nur ein kleiner Teil dieser Regelung berücksichtigt werden, die Auswahl ist aber umfangreich genug, um die Struktur des Rechtssatzes erkennbar werden zu lassen. Es wird jedoch unterstellt, daß die Regelung vollständig wiedergegeben ist. Denn, zählt der Rechtssatz die Bedingungen des Zustandekommens von Verträgen erschöpfend auf, so kann er die Form eines Bijugates erhalten. Er kann deshalb als Definition eines das Zustandekommen von Verträgen ausdrückenden Prädikates betrachtet werden.

Da Verträge durch Abgabe einander in bestimmter Weise entsprechender Willenserklärungen zustande kommen, bei der Abgabe von Willenserklärungen Vertretung möglich ist und man zur Abgabe von Willenserklärungen voll geschäftsfähig sein, oder zumindest die Einwilligung des gesetzlichen Vertreters haben muß, erscheinen die Bestimmungen der Titel „Geschäftsfähigkeit", „Willenserklärung", „Vertretung, Vollmacht", „Einwilligung, Genehmigung" unter den Bedingungen für das Zustandekommen von Verträgen. Teilweise ist es zweckmäßig, diese Bestimmungen ihrerseits wieder als Definitionen von Prädikaten zu formulieren,

---

[98] „G" und „U" sind in den Kapiteln 5 und 6 mit der gleichen Zeitvariablen ausgerüstet.

[99] *Staudinger:* BGB, 11. Aufl., Anm. IV 1 c zu § 929.

[100] Die Art der Erklärung ist nicht vorgeschrieben. Der Abschluß eines Kaufvertrages, die Übereignung der gekauften Sache und die Zahlung des Kaufpreises können ohne eine verbale Äußerung, ausschließlich durch „konkludente Handlungen" erfolgen.

die im Definiens des das Zustandekommen von Verträgen ausdrückenden Prädikates vorkommen[101].

Zur Symbolisierung werden folgende Prädikate eingeführt:

Gesch Unf ti, x : z. Z. ti ist x geschäftsunfähig. (zu § 104)

Min ti, x : z. Z. ti ist x minderjährig. (zu § 106)

Erkl $ti, x, y, (S)$: z. Z. ti gibt x gegenüber y die Erklärung S ab.
                         Es wird unterstellt, daß die Erklärung unter
                         Anwesenden abgegeben wird, so daß die Be-
                         dingung des Zugangs der Erklärung nicht ge-
                         trennt formuliert werden muß.

Hat Einw $ti, x, (S)$: z. Z. ti hat x die Einwilligung seines gesetz-
                         lichen Vertreters zur Abgabe der Erklärung S.
                         (§ 107)

Kennt Geh Vorb $ti, x, y, (S)$: z. Z. ti kennt x den geheimen Vorbe-
                         halt des y, das mit S Erklärte nicht zu wollen.
                         (§ 116)

Irrt $ti, x, (S)$: z. Z. ti ist x über den Inhalt der Erklärung S
                         im Irrtum und es ist anzunehmen, daß er sie
                         bei Kenntnis der Sachlage und verständiger
                         Würdigung des Falles nicht abgegeben haben
                         würde. (§ 119)

Anf $ti, x, (S)$: z. Z. ti ficht x die Erklärung S an und er hat
                         damit nicht schuldhaft gezögert. (§§ 119, 121)

Zur Begrenzung des Zeitraumes, innerhalb dessen eine Erklärung
wirksam angefochten werden kann, wird das Prädikat

Kl $ti, (S)$: z. Z. ti wird eine Klage erhoben, die sich auf
                         die Erklärung S stützt

benötigt. Erläuterungen dazu folgen.

Erg Vertr (Si, Sj) : die Erklärungen Si und Sj ergänzen sich zu
                         einem Vertrag. (§§ 145, 147)

Da schuldrechtliche Verträge im Rahmen der Gesetze beliebigen
Inhalt haben können, können die Gesetze nicht alle Paare von
Erklärungen aufzählen, die gemeinsam als Vereinbarung einer

---

[101] An die Stelle von Sätzen der Form „$a . c . d . e \equiv f$" und „$b . c . d . e
\equiv g$" treten dann Sätze der Form „$c . d . e \equiv h$", sowie „$a . h \equiv f$" und
„$b . h \equiv g$".

oder mehrerer Leistungen bestimmter Art betrachtet werden. Der
Umstand, daß zwei an sich weitgehend beliebige Erklärungen zusammen eine Vereinbarung ausmachen, muß deshalb gesondert
ausgedrückt werden. Die allgemeinen Bedingungen, unter denen
zwei wirksame Erklärungen einander zu einem Vertrag ergänzen,
können in der semantischen Regel von „Erg Vertr" niedergelegt
werden.

Vertr $ti, x, y, (S1, S2, S3, S4, S5, S6, S7, S8)$

> : z. Z. ti kommt zwischen x und y ein Vertrag
> zustande, dessen Inhalt durch die Erklärun-
> gen $S1$ und $S2$ oder ... oder $S7$ und $S8$ be-
> stimmt wird.

Da jede Partei sich vertreten lassen kann, der Vertreter aber
eine andere, (nicht ihn, sondern den Vertretenen bindende) Erklärung abgeben muß, als wer im eigenen Namen auftritt und
wer mit einem Vertreter verhandelt eine andere (nicht den Vertreter, sondern den Vertretenen bindende) Erklärung abgeben
muß, als wer mit einem Partner verhandelt, der im eigenen Namen
auftritt, kann ein Vertrag mit einem bestimmten Inhalt durch vier
verschiedene Kombinationen von Erklärungen zustande kommen.
Da die Rechtssätze über das Zustandekommen von Verträgen
auch juristische Personen als Vertragspartner zulassen müssen,
wird ein Prädikat für die Rechtsfähigkeit erforderlich:

Rechtsf ti, x : z. Z. ti ist x rechtsfähig.

Das Prädikat drückt aus, daß x „Subjekt" von „Rechten" und
„Pflichten" sein kann. Während der Bereich der Variablen „w",
„x", „y", „z" bisher auf natürliche Personen begrenzt war, wird
er jetzt auf alle Gegenstände erweitert, welche die Bedingung
„Rechtsf ti, x" erfüllen. Im Rechtssatz (43) versteht sich die Rechtsfähigkeit des Vertragspartners, der in eigenem Namen auftritt,
von selbst — als natürliche Person ist er immer rechtsfähig — und
braucht deshalb nicht gesondert ausgedrückt zu werden. Aber auch
die Rechtsfähigkeit des Vertretenen wird schon durch die Unterstellung impliziert, daß er Vollmacht erteilt. Auch er muß also
eine natürliche Person sein. Trotzdem wird seine Rechtsfähigkeit
ausdrücklich erwähnt, um anzudeuten, wie diese Bedingung zu
berücksichtigen wäre, wenn auch die Vertretungsmacht der Organe
einer juristischen Person durch ein eigenes Prädikat ausgedrückt
würde. (Auch in diesem Fall müßte die Handlung „Erteilung der
Vollmacht zur Vertretung einer juristischen Person" von einer
oder mehreren natürlichen Personen vorgenommen werden.)

Erkl Vollm *ti, x, y, z, (S)*:   z. Z. *ti* erklärt *x* gegenüber *y*, daß er *z* zur Abgabe der Erklärung *S* bevollmächtigt.

Wid Vollm *ti, x, y, z, (S)*:   z. Z. *ti* widerruft *x* gegenüber *y* die Vollmacht des *z* zur Abgabe der Erklärung *S*.

Hat Vollm *ti, z, x, (S)*   :   z. Z. *ti* hat *z* die Vollmacht des *x* zur Abgabe der Erklärung *S*.

Der Vollmachtgeber muß in „Hat Vollm" erwähnt werden, da er und nicht der Vertreter durch die Erklärung, zu der er Vollmacht erteilt, gebunden wird. Dagegen ist bei „Hat Einw" die Person des gesetzlichen Vertreters für den Inhalt des Vertrages unerheblich.

Der vollständige Rechtssatz, der das Zustandekommen von Verträgen regelt, kann nun wie folgt angedeutet werden:

(43) (w, x, y, z) (ti, tj, tn, tm) $(S1, S2, S3, S4, S5, S6, S7, S8)$

$\Big(\!\big(\!\big\{\!\big($Erkl $ti, x, y, (S1)$. $\sim$ Gesch Unf $ti, x,$. $(\sim$ Min ti, x, v

v Hat Einw $ti, x, (S1))$. $\sim$ Kennt Geh Vorb $ti, y, x, (S1)$.

. $\{\!\sim$ Irrt $ti, x, (S1)$ v $(tk) \sim (ti \leq tk < ti + 30$ Jahre .

. $tk \leq tn$. Kl $tn, (S1)$. Anf $tk, x, (S1))\}\big)$

. $\big($Erkl $tj, y, x, (S2)$. $\sim$ Gesch Unf tj, y . $(\sim$ Min tj, y v

v Hat Einw $tj, y, (S2))$. $\sim$ Kennt Geh Vorb $tj, x, y, (S2)$.

. $\{\!\sim$ Irrt $tj, y, (S2)$ v $(tl) \sim (tj \leq tl < tj + 30$ Jahre .

. $tl \leq tm$. Kl $tm, (S2)$. Anf $tl, y, (S2))\}\big)$.

. Erg Vertr $(S1, S2)\big\}$

v $\big\{\!\big($Erkl $ti, x, z, (S3)$. $\sim$ Gesch Unf ti, x . $(\sim$ Min ti, x v

v Hat Einw $ti, x, (S3))$. $\sim$ Kennt Geh Vorb $ti, z, x, (S3)$.

. $\{\!\sim$ Irrt $ti, x, (S3)$ v $(tk) \sim (ti \leq tk < ti + 30$ Jahre .

. $tk \leq tn$. Kl $tn, (S3)$. Anf $tk, x, (S3))\}\big)$

. $\big($Erkl $tj, z, x, (S4)$. Rechtsf tj, y .

. Hat Vollm $tj, z, y, (S4)$. $\sim$ Kennt Geh Vorb $tj, x, z, (S4)$.

. $\{\!\sim$ Irrt $tj, z, (S4)$ v $(tl) \sim (tj \leq tl < tj + 30$ Jahre .

. $tl \leq tm$. Kl $tm, (S4)$. Anf $tl, z, (S4))\}\big)$

. Erg Vertr $(S3, S4)\big\}$

v $\big\{\!\big($Erkl $ti, w, y, (S5)$. Rechtsf ti, x .

. Hat Vollm $ti, w, x, (S5)$. $\sim$ Kennt Geh Vorb $ti, y, w, (S5)$.

. $\{\!\sim$ Irrt $ti, w, (S5)$ v $(tk) \sim (ti \leq tk < ti + 30$ Jahre .

. $tk \leq tn$. Kl $tn, (S5)$. Anf $tk, w, (S5))\}\big)$

. $\big($Erkl $tj, y, w, (S6)$. $\sim$ Gesch Unf tj, y . $(\sim$ Min tj, y v

v Hat Einw $tj, y, (S6))$. $\sim$ Kennt Geh Vorb $tj, w, y, (S6)$.

. $\{\sim$ Irrt $tj, y, (S6)$ v $(tl) \sim (tj \leq tl < tj + 30$ Jahre .

. $tl \leq tm$. Kl $tm, (S6)$. Anf $tl, y, (S6))\}\big)$

. Erg Vertr $(S5, S6)\}$

v $\{\big($Erkl $ti, w, z, (S7)$. Rechtsf ti, x .

. Hat Vollm $ti, w, x, (S7)$. $\sim$ Kennt Geh Vorb $ti, z, w, (S7)$.

. $\{\sim$ Irrt $ti, w, (S7)$ v $(tk) \sim (ti \leq tk < ti + 30$ Jahre .

. $tk \leq tn$. Kl $tn, (S7)$. Anf $tk w, (S7))\}\big)$

. $\big($Erkl $tj, z, w, (S8)$. Rechtsf tj, y .

. Hat Vollm $tj, z, y, (S8)$. $\sim$ Kennt Geh Vorb $tj, w, z, (S8)$.

. $\{\sim$ Irrt $tj, z, (S8)$ v $(tl) \sim (tj \leq tl < tj + 30$ Jahre .

. $tl \leq tm$. Kl $tm, (S8)$. Anf $tl, z, (S8))\}\big)$

. Erg Vertr $(S7, S8)\}\big)$

. $ti \leq tj \equiv$ Vertr $tj, x, y, (S1, S2, S3, S4, S5, S6, S7, S8)\big)$

Im Rechtssatz (43) wiederholen sich die Ketten der Bedingungen für die Abgabe wirksamer Erklärungen im eigenen bzw. im fremden Namen. Deshalb genügt es, vom Definiens ein Glied der Disjunktion wiederzugeben, in dem diese beiden Arten von Erklärungen vorkommen. Hier ist es das zweite Glied.

: für alle $w, x, y, z, ti, tj, tn, tm, S1 \ldots S8$: wenn ... oder wenn x z. Z. ti gegenüber z die Erklärung $S3$ abgibt und x zu dieser Zeit nicht geschäftsunfähig und nicht minderjährig ist oder aber die Einwilligung seines gesetzlichen Vertreters zur Abgabe der Erklärung $S3$ hat und z z. Z. ti den geheimen Vorbehalt des x, das mit $S3$ Erklärte nicht zu wollen, nicht kennt und x z. Z. ti über den Inhalt der Erklärung $S3$ nicht im Irrtum ist, oder es keinen Zeitpunkt tk zwischen ti einschließlich und einem um 30 Jahre späteren Zeitpunkt und nicht später als der Zeitpunkt einer Klage, die sich auf die Erklärung $S3$ stützt, gibt, zu dem x die Erklärung $S3$ anficht,

und z z. Z. tj gegenüber x die Erklärung $S4$ abgibt und y z. Z. tj rechtsfähig ist z z. Z. tj die Vollmacht des y zur Abgabe der Erklärung $S3$ hat und z z. Z. ti den geheimen Vorbehalt des x, das nicht kennt, das mit $S4$ Erklärte nicht zu wollen und z z. Z. tj über den Inhalt der Erklärung $S4$ nicht im Irrtum ist, oder es keinen Zeitpunkt tl zwischen tj einschließlich und einem um 30 Jahre späteren Zeitpunkt und nicht später als der Zeitpunkt einer Klage, die sich auf die Erklärung $S4$ stützt, gibt, zu dem z

die Erklärung $S4$ anficht, und $S3$ und $S4$ sich zu einem Vertrag ergänzen,

oder ... oder ... und ti früher als tj oder gleichzeitig mit tj ist, dann und nur dann kommt z. Z. tj zwischen x und y ein Vertrag zustande, dessen Inhalt durch die Erklärungen $S1$ und $S2$ oder ... oder $S7$ und $S8$ bestimmt wird.

Es mag zunächst etwas erstaunen, daß in einem Rechtssatz, der das Zustandekommen von Verträgen regelt, u. a. also die Begründung von Schuldverhältnissen, deren Erfüllung dann ggf. eingeklagt werden kann, bereits ein Prädikat vorkommt, das sich auf eine Klage bezieht. Diese Formulierung ist erforderlich, um die Wirkungen zu produzieren, die das BGB für eine Anfechtung vorsieht. Wird nämlich eine anfechtbare Willenserklärung angefochten, so wird dadurch ein Zustand herbeigeführt, wie wenn sie nie abgegeben worden wäre, sie wird nichtig (§ 142 BGB)[102]. Das Ausbleiben einer begründeten Anfechtung wird deshalb in (43) unter den Bedingungen für das Zustandekommen eines Vertrages erwähnt. Die hier allein berücksichtigte Anfechtung wegen Irrtums kann innerhalb von 30 Jahren nach Abgabe der Willenserklärung erfolgen (§ 121 II BGB). Aber Ansprüche aus dem Vertrag können natürlich schon vor Ablauf dieser Frist geltend gemacht werden. Der Richter muß also ein Urteil u. a. mit dem Vertrag begründen können, wenn die Anfechtung nicht bis zu einem anderen, früheren Zeitpunkt erfolgt ist. Für diesen Zeitpunkt ist hier der der Erhebung einer Klage, die sich auf die anfechtbare Erklärung stützt, eingesetzt. Es wird wieder unterstellt, daß der Richter nur solche rechtserheblichen Tatsachen berücksichtigen muß, die bis zur Klageerhebung eintreten.

Sind die Bedingungen des Rechtssatzes (43) erfüllt, so kommt ein Vertrag zustande, dessen Inhalt durch die abgegebenen Erklärungen bestimmt wird. In „Vertr" können für die Variablen Si Zeichen für beliebige Erklärungen substituiert werden. „Vertr" drückt deshalb das Zustandekommen von Verträgen mit beliebigem Inhalt aus. Rechtssätze, die Verträge einer bestimmten Art regeln, erfordern Prädikate, die das Zustandekommen solcher

---

[102] „Unter Anfechtbarkeit versteht das BGB diejenige Art von Fehlerhaftigkeit eines Rechtsgeschäftes, kraft deren dem Geschäfte seine Wirksamkeit nicht sofort, sondern erst durch eine hierauf gerichtete empfangsbedürftige Willenserklärung des hierzu Berechtigten, durch diese aber mit rückwirkender Kraft, entzogen wird." Staudinger BGB, Bd. I, AT, 11. Aufl. 1957, Anm. 1a zu § 142. „Wird die Anfechtung vorgenommen, so ist die Folge zunächst die Nichtigkeit der Willenserklärung des Irrenden, unmittelbare Folge dieser Nichtigkeit aber das Nichtbestehen des ganzen Rechtsgeschäftes." A.a.O., Anm. X (61) zu § 119.

Verträge ausdrücken. Diese Prädikate können mit Hilfe von „Vertr" definiert werden. Das geschieht hier zunächst mit „U tj, x, y, s".

Für die speziellen Willenserklärungen zu einer Einigung i. S. des § 929 BGB müssen noch zwei Prädikate eingeführt werden:

$WÜE$ w, x, z, y, s: ich, der w, erkläre im Namen des x, dem z, der im Namen des y auftritt, die Sache s übereignen zu wollen.

WEE z, y,w, x, s: ich, der z, erkläre im Namen des y, von w, der im Namen des x auftritt, die Sache s erwerben zu wollen.

Treten x oder y im eigenen Namen auf, so ist x für w, bzw. y für z zu substituieren. Da das Definiens von „U" ohnehin eine größere Anzahl von Quantoren enthalten müßte, wird die Definition gleich in Gestalt eines Satzes, statt einer Satzformel geschrieben:

(44) (w, x, y, z) (s) (tj) $(S1, S2, S3, S4, S5, S6, S7, S8)$
        (Vertr tj, x, y, $(S1, S2, S3, S4, S5, S6, S7, S8)$.
        . $\{(S1 = WÜE\ x, x, y, y, s$. $S2 = WEE\ y, y, x, x, s)$ v
        v $(S3 = WÜE\ x, x, z, y, s$. $S4 = WEE\ z, y, x, x, s)$ v
        v $(S5 = WÜE\ w, x, y, y, s$. $S6 = WEE\ y, y, w, x, s)$ v
        v $(S7 = WÜE\ w, x, z, y, s$. $S8 = WEE\ z, y, w, x, s)\}$
        $\equiv U\ tj, x, y, s)$

    : wenn z. Z. tj zwischen x und y ein Vertrag zustande kommt, indem entweder die Erklärungen $S1$ und $S2$ oder ... oder $S7$ und $S8$ abgegeben werden und $S1$ die Form „$WÜE\ x, x, y, y, s$" und $S2$ die Form „$WEE\ y, y, x, x, s$" hat, oder ... oder $S7$ die Form „$WÜE\ w, x, z, y, s$" und $S8$ die Form „$WEE\ z, y, w, x, s$" hat, dann und nur dann kommt z. Z. t_j zwischen x und y eine Einigung über den Übergang des Eigentums an s zustande.

Die Identitäten in (44) lassen erkennen, daß das Prädikat „Vertr" als Argumentausdrücke nicht nur Individuenzeichen, sondern auch Prädikate führt. „Vertr" ist deshalb ein Prädikat zweiter Stufe. Damit sind die Grenzen der Prädikatenlogik erster Ordnung überschritten. Die in dieser Arbeit benötigten logischen Operationen bleiben aber unbeschränkt zulässig[103]. Weiter unten kommen auch Prädikate dritter Stufe vor, d. h. Prädikate, die Prädikate zweiter Stufe zu Argumenten haben.

---

[103] Siehe dazu: *Rudolf Carnap*: Einführung in die symbolische Logik, 2. Aufl., Wien 1960, Kap. 16: Prädikate höherer Stufen., insbesondere den Lehrsatz L 16-1 über Stufenerhöhung und die daran anschließende Bemerkung.

9.2 Vollmacht

Auf Seite 112 wurde die Bedeutung des Prädikates „Hat Vollm"
vorläufig durch eine semantische Regel festgelegt, die stillschwei-
gend die Kenntnis der Bedingungen voraussetzte, an die eine Vollmacht geknüpft ist. Diese Bedingungen werden in einem unvollständigen Rechtssatz explizit, der „Hat Vollm" definiert. Die Definition hat im Grunde die gleiche Form wie die von „HE" (5). Sie
legt fest, daß eine Person zu einem Zeitpunkt zur Abgabe einer
Erklärung bevollmächtigt ist, wenn die Vollmacht zuvor erteilt
und nicht widerrufen worden ist.

Erteilung und Widerruf der Vollmacht sind einseitige Rechtsgeschäfte[104]. Abgesehen davon, daß eine Annahme nicht erforderlich ist, hängt ihre Wirksamkeit von den gleichen Bedingungen ab
wie das Zustandekommen von Verträgen. Im allgemeinen ist die
Erteilung der Vollmacht frei widerruflich[105]. „Eine Anfechtung
der Bevollmächtigung wegen Irrtums kommt, solange ein Rechts-
geschäft auf Grund der Vollmacht noch nicht vorgenommen ist,
nicht in Betracht, wenn die Vollmacht eine widerrufliche ist (. . .),
denn die Möglichkeit des freien Widerrufs ersetzt die der Anfechtung[106]." Die Möglichkeiten der Anfechtung nach Abschluß des
Geschäfts und der Anfechtung nicht widerruflicher Vollmachts-
erklärungen werden hier, ebenso wie die Erteilung nicht widerruflicher Vollmachten, nicht berücksichtigt, so daß jede Andeu-
tung der Regelung der Anfechtung entfällt.

Eine Vollmacht kann für eine einzelne Erklärung, aber auch für
Erklärungen einer bestimmten Art generell erteilt werden. So hat
ein Verkäufer in einem Handelsgeschäft nicht nur Vollmacht zum
Abschluß eines einzelnen Kaufvertrages, sondern generell zum Abschluß von Kaufverträgen, die auf die Veräußerung von Waren
des Geschäfts gerichtet sind. Der Rechtssatz (45) regelt nur die
Bevollmächtigung zur Abgabe einer einzelnen Erklärung. Zur Regelung der generellen Vollmacht müßten einige der bisher ver-
wendeten Prädikate mit mehr Argumentstellen versehen werden.
Da der Rechtssatz aber nicht weiter ausgebaut wird und die Erteilung einer generellen Vollmacht kein Problem von prinzipiel-
ler Bedeutung ist, soll nur kurz dargestellt werden, warum die
Änderung erforderlich ist und wie sie zu geschehen hätte. Dazu
vergegenwärtigt man sich — wenn auch nur bruchstückhaft —
am besten die Anwendung des Rechtssatzes auf einen Fall.

---

[104] *Staudinger:* BGB, 11. Aufl., Anm. 3 zu § 167, Anm. IV, 5 (13) zu § 168.
[105] A.a.O., Anm. IV, 1 (12) zu § 168.
[106] A.a.O., Anm. VIII, 2 (26) zu § 167.

Wenn es darum geht, festzustellen, ob der b Vollmacht hatte, im Namen des a dem c persönlich die Sache $s1$ zu übereignen, ob also die Erklärung „$W\ddot{U}E\ b, a, c, c, s1$" eine wirksame Verfügung ist, substituiert man diesen Ausdruck für die Variable „S" im u. a. Rechtssatz. Bei entsprechender Substitution auch für die anderen Variablen ergibt sich dann etwa „Erkl Vollm $t10, a, c, b, (W\ddot{U}E\ b,$ $a, c, c, s1)$" aus „Erkl Vollm $tg, x, y, z, (S)$". Beschreiben die auf diese Weise gebildeten singulären Sätze den tatsächlichen Sachverhalt, so kann man sie als Prämissen zur Ableitung von „Hat Vollm t (z. B.) 12, $a, b, (W\ddot{U}E\ b, a, c, c, s1)$" heranziehen. Damit ist dann die Frage nach der Vollmacht positiv beantwortet. Sie bezog sich in diesem Fall auf ein ganz bestimmtes Geschäft, die Veräußerung der Sache $s1$.

Daß aber etwa der a z. Z. $t10$ öffentlich erklärt hat, er bevollmächtige den b zur Veräußerung aller seiner Waren an beliebige Kunden (indem er b in seinem Geschäft als Verkäufer eingesetzt hat), kann mit dem Prädikat „Erkl Vollm" in seiner jetzigen Form nicht ausgedrückt werden, denn man könnte nicht wie bisher für alle Variablen Konstante substituieren: Erkl Vollm $t10, a, y, b,$ $(W\ddot{U}E\ b, a, v, w, s)$. Man kann zwar ohne weiteres „y" durch einen Allquantor binden um auszudrücken, daß a seine Erklärung an alle richtet. Anders verhält es sich aber mit den Variablen „v", „w" und „s". Bindet man sie ebenfalls mit Allquantoren, so drückt man aus, daß b zu *einer* Erklärung ermächtigt ist, die sich an alle Personen als Vertreter aller Personen richtet und die Übereignung aller Sachen anbietet. Dabei ist doch beabsichtigt, die Erteilung einer Vollmacht nicht zu einer Erklärung, sondern zu einer nicht begrenzten Anzahl von Erklärungen, die sich nicht an alle Personen richten müssen, sondern sich nur an beliebige Personen richten können und die sich nicht auf alle Sachen, sondern auf beliebige aus einem Sortiment beziehen, auszudrücken.

Um das zu ermöglichen muß „Erkl Vollm" und müssen entsprechend die anderen Prädikate, die „S" als Variable führen, geändert werden. „Erkl Vollm" kann die Form erhalten:

Erkl Vollm $tg, x, y, z, (S, Vu, Pw, Ds)$: z. Z. tg erklärt

> x gegenüber y, daß er den z zur Abgabe von Erklärungen bevollmächtigt, die den folgenden Bedingungen genügen: sie sind mit dem Prädikat „S" gebildet, an beliebige Personen u adressiert, welche die Eigenschaft V haben und im Namen beliebiger Personen w auftreten, welche die Eigenschaft P haben und beziehen sich auf (nicht notwendig dingliche) Gegenstände s, welche die Eigenschaft D haben.

Da die Großbuchstaben auch hier als Prädikatvariable gebraucht werden, kann mit dem Prädikat „Erkl Vollm" die Erteilung völlig beliebiger Vollmachten ausgedrückt werden. Will man berücksichtigen, daß zu bestimmten Erklärungen (z. B. Eheschließung) Vollmacht nicht erteilt werden kann, daß also die Prädikatkonstante dieser Erklärung nicht für „S" substituiert werden darf, oder daß bestimmte Einschränkungen der Vollmacht im Außenverhältnis unwirksam sind, so kann man konjunktiv zu „Erkl Vollm" Satzformeln (ggf. mit Prädikaten zweiter Stufe) einführen, die ausdrücken, daß die substituierten Prädikatkonstanten nicht von der auszuschließenden Art sind.

Um den Kreis der Vertragspartner oder der Gegenstände des Vertrags auf nur einen einzuschränken, kann die Prädikatvariable „Pw" durch die Identität „$w = d$" oder „Ds" durch „$s = s1$" ersetzt werden, wobei „d" und „$s1$" die Namen der betreffenden Personen bzw. des betreffenden Gegenstandes sind.

Der Rechtssatz (45) über Vollmacht berücksichtigt nur die Erteilung der Vollmacht durch Erklärung gegenüber dem zu Bevollmächtigenden und gegenüber dem Dritten, dem gegenüber die Vertretung stattfinden soll. Dazu wird noch das Prädikat

$Adr\ y, (S)$: y ist der Adressat der Erklärung S benötigt.

(45) $(x, y, z)\ (ti)\ (S)\ \big((E\ tg)\ \big(\sim \text{Gesch Unf } tg, x\ .\ (\sim \text{Min } tg, x\ \vee$
   $\vee\ \text{Hat Einw } tg, x, (\text{Erkl Vollm } tg, x, y, z, (S)))\ .\ tg < ti$
   $.\ \text{Erkl Vollm } tg, x, y, z, (S)\ .\ (y = z\ \vee\ \text{Adr } y, (S))\ .$
   $.\ \sim \text{Kennt Geh Vorb } tg, y, x, (\text{Erkl Vollm } tg, x, y, z, (S))$
   $.\ (th) \sim \{tg \leq th < ti\ .\ \sim \text{Gesch Unf } th, x\ .\ (\sim \text{Min } th, x$
   $\vee\ \text{Hat Einw } th, x, (\text{Wid Vollm } th, x, y, z, (S)))\ .$
   $.\ \text{Wid Vollm } th, x, y, z, (S)\ .\ (y = z\ \vee\ \text{Adr } y, (S))\ .$
   $.\ (\text{Erkl Vollm } tg, x, y, z, (S)\ .\ \text{Adr } y, (S)$
   $\supset \text{Wid Vollm } th, x, y, z, (S)\ .\ \text{Adr } y, (S))\ .$
   $.\ \sim \text{Kennt Geh Vorb } th, y, x, (\text{Wid Vollm } th, x, y, z, (S))\}\big)$
   $\equiv \text{Hat Vollm } ti, z, x, (S)\big)$

: für alle x, y, z, ti, S gilt:

   wenn es einen Zeitpunkt tg vor ti gibt, zu dem x nicht geschäftsunfähig und entweder nicht minderjährig ist, oder die Einwilligung seines gesetzlichen Vertreters dazu hat, gegenüber y zu erklären, er bevollmächtige den z zur Abgabe der Erklärung S, und x z. Z. tg gegenüber y erklärt, daß er z zur Abgabe der Erklärung S bevollmächtigt, und y entweder mit z identisch oder der Adressat von S ist und y z. Z. tg den geheimen Vorbehalt des x, die Vollmacht nicht erteilen zu wollen, nicht kennt und für alle Zeitpunkte *th* folgendes nicht gilt: *th* liegt zwischen *tg* und *ti* und z. Z. *th* ist *x* nicht geschäftsunfähig und entweder nicht minderjährig oder er hat die Einwilligung seines gesetzlichen Vertreters, gegenüber *y* die Vollmacht des *z* zur Abgabe der Erklärung *S* zu widerrufen und er widerruft sie z. Z. *th* gegenüber *z* oder dem Adressaten und wenn die Vollmacht gegenüber dem Adressaten erklärt war, so widerruft er sie diesem gegenüber und der demgegenüber widerrufen wird, kennt z. Z. *th* nicht den geheimen Vorbehalt des *x*, nicht widerrufen zu wollen,

dann und nur dann hat *z* z. Z. *ti* die Vollmacht des *x* zur Abgabe der Erklärung *S*.

Um eine abgeleitete Vollmacht auszudrücken, kann man natürlich nicht das Prädikat „Hat Vollm" ins Definiens übernehmen, denn dadurch wird die Definition zirkulär. Man kann aber das Definiens mit entsprechend ausgetauschten Variablen ins ursprüngliche Definiens noch einmal einstellen, da man jetzt das Bildungsgesetz für einen Rechtssatz über Vollmacht hat. Das Verfahren wurde in Kapitel 6 am Rechtssatz über Eigentum demonstriert.

In der gleichen Weise wie hier die Regelung der Vollmacht kann auch die Regelung der Einigung niedergelegt werden.

9.3. Verpflichtungsgeschäfte

Die Vereinbarung einer einklagbaren Leistung ist ein Verpflichtungsgeschäft. Um die rechtliche Regelung der Klagemöglichkeit niederzulegen (z. B. die Möglichkeit auf Grund eines Kaufvertrages auf die Übereignung der gekauften Sache zu klagen), kann man einen vollständigen Rechtssatz formulieren, der in seinem Konsequens die Formel für die Anweisung an den Richter, ein derartiges Urteil zu fällen, und im Antecedens alle Bedingungen, von denen die Anweisung abhängt, enthält.

Zur Abkürzung der Kodifikation kann man sich aber auch, wie schon beim Verfügungsgeschäft „Übereignung" (44) des Rechtssatzes (43) bedienen, der das Prädikat „Vertr" definiert. Mit „Vertr" und zwei Prädikaten, mit denen die auf ein bestimmtes Verpflichtungsgeschäft gerichteten Erklärungen ausgedrückt werden, kann man, wie in (44), weiteres Prädikat definieren, welches das Zustandekommen dieses Geschäftes ausdrückt. Am Beispiel des Kaufvertrages:

Verk w, x, z, y, s, n: ich, der w, will im Namen des x dem z, der im Namen des y auftritt, die Sache s zum Preis von n verkaufen.

Kauf z, y, w, x, s, n: ich, der z, will im Namen des y von w, der im Namen des x auftritt, die Sache s zum Preise von n kaufen.

(46) (w, x, y, z) (s) (n) (tj) $(S1, S2, S3, S4, S5, S6, S7, S8)$

$\big($Vertr $tj, x, y, (S1, S2, S3, S4, S5, S6, S7, S8)$.

. $\{(S1 = $ Verk$, x, x, y, y, s, n$. $S2 = $ Kauf $y, y, x, x, s, n)$

v $(S3 = $ Verk x, x, z, y, s, n . $S4 = $ Kauf $z, y, x, x, s, n)$

v $(S5 = $ Verk w, x, y, y, s, n . $S6 = $ Kauf $y, y, w, x, s, n)$

v $(S7 = $ Verk w, x, z, y, s, n . $S8 = $ Kauf $z, y, w, x, s, n)\}$

$\equiv$ Kauf Vertr $tj, x, y, s, n\big)$

: für alle $w, x, y, z, s, n, tj, S1, S2, S3, S4, S5, S6, S7, S8$:

wenn z. Z. tj zwischen x und y ein Vertrag zustande kommt indem entweder die Erklärungen $S1$ und $S2$ oder ... oder $S7$ und $S8$ abgegeben werden und $S1$ die Form „Verk x, x, y, y, s, n" und $S2$ die Form „Kauf y, y, x, x, s, n" hat oder ... oder $S7$ die Form „Verk w, x, z, y, s, n" und $S8$ die Form „Kauf z, y, w, x, s, n" hat, dann und nur dann kommt z. Z. tj zwischen dem Verkäufer x und dem Käufer y ein Kaufvertrag über die Sache s und den Preis n zustande.

Wenn nicht eine spätere Fälligkeit der Leistungen vereinbart ist, können sie sofort nach Vertragsabschluß verlangt werden (§ 271 BGB). Das bedeutet, daß sofort Klage erhoben werden und ein Urteil auf sofortige Leistung ergehen kann. In bestimmten Fällen kann schon vor dem Fälligkeitstermin ein Leistungsurteil ergehen, allerdings kann es die Leistung nicht für einen früheren als den Fälligkeitstermin anordnen[107]. Selbstverständlich kann kein Leistungsurteil mehr ergehen, wenn die Leistung schon erbracht oder unmöglich geworden ist.

Rechtsnormen über Leistungsurteile können mit Termen, die sich auf „Rechte", „Ansprüche" oder „Pflichten" beziehen, oder ohne sie formuliert werden. Eine Norm mit einem solchen eingeschobenen Term könnte lauten:

Durch den Abschluß des Kaufvertrages wird ein Anspruch auf Übereignung der gekauften Sache begründet, der besteht, bis er

---

[107] Siehe dazu: *Lent-Jauernig*: a.a.O., § 35. Die Voraussetzungen der Rechtsschutzerteilung.

durch die Übereignung oder deren Unmöglichwerden erlischt. Wenn ein solcher Anspruch besteht und fällig ist und Klage erhoben wird, dann verurteile den Veräußerer zur Übereignung der Sache!

Eine Norm gleichen Inhalts, aber ohne eingeschobenen Term könnte lauten:

Wenn über eine Sache ein Kaufvertrag abgeschlossen, sie noch nicht übereignet und die Übereignung auch nicht unmöglich, wohl aber fällig ist und Klage erhoben wird, dann verurteile den Veräußerer zur Übereignung der Sache!

Auch hier dürfte sich die Formulierung mit dem eingeschobenen Term als wirtschaftlicher erweisen, insbesondere, wenn auch die Regelung von Dauerschuldverhältnissen (z. B. Sukzessivlieferungsverträgen, Dienstverträgen) berücksichtigt wird. Da es aber das Ziel dieser Arbeit ist, die prinzipielle Entbehrlichkeit der eingeschobenen Terme zu zeigen, und die Eliminierung eines einmal vorhandenen eingeschobenen Terms durch eine logische Operation schon mehrfach vorgeführt wurde, soll hier die zweite Formulierung symbolisiert werden.

Die Kodifizierung der Regelung von Dauerschuldverhältnissen bereitet keine besonderen Schwierigkeiten. Es muß ausgedrückt werden, daß nicht eine bestimmte Leistung ausbedungen wird, sondern Leistungen einer bestimmten Art, die zu festgelegten oder noch zu vereinbarenden Zeiten fällig werden, bis der Vertrag gekündigt wird. Der Einfachheit halber bleiben Fälligkeit und Dauerschuldverhältnisse hier unberücksichtigt. Sie würden u. a. eine nachträgliche Komplizierung des Prädikates „Kauf Vertr" verlangen.

Folgende neue Prädikate werden benötigt:

Unm (S) : die Leistung S ist unmöglich

Antr $ti, x, y, (S)$: z. Z. ti stellt x den Antrag, den y zur Leistung S zu verurteilen

Zusatzvereinbarung: Wenn x die Leistung für den Zeitpunkt der Klage verlangt (für die Zeitvariable des für „S" substituierten Prädikates wird dann die gleiche Zeitkonstante eingesetzt wie für „ti" in „Antr"), so verlangt er die Leistung sofort. Das heißt nicht, daß unterstellt wird, das Urteil ergehe sofort oder könne gar rückwirkend eine Leistung anordnen. Da die Fälligkeit der Leistung hier unberücksichtigt bleibt, wird in Rechtssatz (47) „ti" in das für „S" substituierte Prädikat eingesetzt, so daß also nur sofortige Leistung verlangt werden kann.

Zahlt ti, x, y, n : z. Z. ti zahlt x dem y den Preis von n Geldeinheiten

Abn ti, x, y, s : z. Z. ti nimmt x dem y die Sache s ab

Zur Formulierung einer Anweisung zu einem Urteil, das dem
Käufer das Eigentum an der gekauften Sache verschaffen soll, genügt das schon eingeführte Prädikat „$!U$ ($!H$ x, y, s)", denn mit Eintritt der Rechtskraft des Urteils gilt die für die Übereignung sonst
erforderliche Erklärung des Veräußerers als abgegeben (§ 894 ZPO).

$!U$ ($!$Abn x, y, s) : fälle das Urteil: „x nimm dem y die Sache s ab!"!

Da die Fälligkeit einer Leistung und damit auch das Ergehen
eines Leistungsurteils vor Eintritt der Fälligkeit nicht berücksichtigt werden, ist eine Zeitvariable im Urteilstenor nicht erforderlich. Die angeordnete Leistung hat gleich nach Eintritt der
Rechtskraft zu erfolgen.

(47) (x, y) (s) (n) (tj, tl, tn, tp) $\Big($Kauf Vertr $tj, x, y, s, n \supset$

$\Big(($tk$) \sim$ ($tj \leq tk < tl$. Erkl $tk, x, y, (W\ddot{U}E\ x, x, y, y, s)$.

. $G\ tk, x, y, s)$. $\sim Unm\ (G\ tl, x, y, s)$.

. Antr $tl, y, x, (G\ tl, x, y, s) \supset !U$ ($!H\ x, y, s$)$\Big)$.

. $\{($tm$) \sim$ ($tj \leq tm < tn$. Zahlt tm, y, x, n) .

. Antr $tn, x, y, ($Zahlt $tn, y, x, n) \supset !U$ ($!Z\ y, x, n$)$\}$.

. $\{($to$) \sim$ ($tj \leq to < tp$. Abn to, y, x, s) .

. Antr $tp, x, y, ($Abn $tp, y, x, s) \supset !U$ ($!$Abn y, x, s)$\}\Big)$

: für alle $x, y, s, n, tj, tl, tn, tp$: wenn z. Z. tj zwischen dem Verkäufer x und dem Käufer y ein Kaufvertrag über die Sache s
und den Preis n zustande kommt,

dann, wenn x zu keiner Zeit tk zwischen tj und tl dem y die
Sache übergehen und erklärt hat, er wolle sie ihm übereignen,
und die Übergabe z. Z. tl nicht unmöglich ist und y z. Z. tl den
Antrag stellt, x zur sofortigen Übergabe von s zu verurteilen,
dann fälle das Urteil: „x gib dem y die Sache s heraus!"!

und, wenn y zu keiner Zeit tm zwischen tj und tn an x den
Preis n zahlt und x z. Z. tn den Antrag stellt, y zur sofortigen
Zahlung zu verurteilen, dann fälle das Urteil: „y zahle den
Preis n an x!"!

und, wenn y zu keiner Zeit to zwischen tj und tp dem x die
Sache s abnimmt und x z. Z. tp den Antrag stellt, y zur sofortigen Abnahme zu verurteilen, dann fälle das Urteil: „y nimm
dem x die Sache s ab!"!

Aus der Rechtsnorm (47) kann das Prädikat „Kauf Vertr" durch Substitution seines Definiens eliminiert werden, aus diesem (46) das Prädikat „Vertr" und aus dessen Definiens (43) die Prädikate „Hat Vollm" und „Hat Einw". Dadurch entsteht ein vollständiger Rechtssatz, in dem kein eingeschobener Term mehr vorkommt, der sich auf eine Vollmacht, eine Einwilligung oder einen Vertrag bezöge. Terme, die sich auf „Ansprüche" beziehen, waren ohnehin vermieden worden. Damit ist die Entbehrlichkeit von Entitäten, auf die diese eingeschobenen Terme sich bezögen, nachgewiesen.

10. Juristische Personen

Die meisten Interessen natürlicher Personen lassen sich mit Rechtsnormen schützen, die Relationen[108] zwischen den interessierten und ggf. anderen natürlichen Personen und Sachen voraussetzen (z. B. eine Einigung i. S. des § 929 BGB) oder anordnen (z. B. eine richterliche Anweisung zur Herausgabe einer Sache). Bei anderen als schutzwürdig erachteten Interessen wäre das nur mit sehr umständlichen Formulierungen möglich.

Die Besonderheiten solcher Interessenlagen sind an ihrer Regelung im Aktiengesetz wohl am deutlichsten zu erkennen. Viele Personen, die leicht austauschbar sind, haben Anteil an einem Wirtschaftsunternehmen. Sein Betrieb verlangt den Erwerb und die Veräußerung von Waren oder Dienstleistungen. Die dazu erforderlichen Rechtsgeschäfte werden ausschließlich von Vertretern (Organen) vorgenommen und die Inhaber (Aktionäre) haften dafür nur mit ihrer Einlage. Den privaten Gläubigern der Inhaber steht nur der Zugriff auf den veräußerlichen Gesellschaftsanteil, nicht auf das Gesellschaftsvermögen offen.

Auch diese komplizierten Interessenlagen werden mit Rechtsnormen geregelt, deren Formulierung nur gerade so kompliziert ist, wie die Regelung der einfacheren Interessenlassen es erfordert. Das ist möglich durch die Verwendung „juristischer Personen". Ihre Funktion wird deutlich, wenn man versucht, Normen zu formulieren, welche die gleichen Interessenlagen inhaltlich gleich, aber ohne Verwendung „juristischer Personen" regeln. Man geht dabei zweckmäßig von vollständigen Rechtsnormen der Form, wie sie in den vorangegangenen Kapiteln angedeutet wurden, aus und ändert sie so ab, daß sie auch den neuen Zweck erfüllen.

Mit bestimmten Prädikaten, die in diesen Normen vorkommen (z. B. „HE"), lassen sich Mengen von Vermögensgegenständen definieren, die alle Forderungs- und dinglichen Rechte einer Person enthalten. Andere Normen legen für diese Rechte unter bestimmten Umständen ein gemeinsames Schicksal fest (Zugriff bei Zwangsvollstreckung, Belastung, Vermögensübernahme). Der Name der Person ist der sprachliche Angelpunkt für die Definition des Vermögens durch eine Menge von atomaren Aussagen, die mit den genannten Prädikaten gebildet sind, und

---

[108] Eine Relation ist jeder Sachverhalt, der mit einem mehrstelligen Prädikat beschrieben oder vorgeschrieben werden kann (das Designatum eines mehrstelligen Prädikates).

jeweils einen Vermögensgegenstand in Beziehung zu dieser Person setzen.

Um das, was sonst das Vermögen einer AG genannt wird, als gemeinsames Vermögen der Aktionäre zu deklarieren, müßte man jeden Vermögensgegenstand zu allen Aktionären in Beziehung setzen. Normalerweise sind die Aktionäre nur zum kleinsten Teil bekannt. Aber das ist kein prinzipielles Hindernis, denn Aktionär ist, wer Aktien erworben hat, an deren Ausgabe die namentlich immer bekannten Gründer der AG in ihrer Rolle als Gründer beteiligt waren und diese Aktien nicht wieder veräußert hat. Mit der Aktie würden jeweils Anteile an den einzelnen Vermögensgegenständen übertragen. Die Berechtigten wären also prinzipiell eindeutig identifizierbar. In der gleichen Weise könnte man die Verbindlichkeiten der AG als Verbindlichkeiten der Aktionäre deklarieren.

Die Aktionäre müßten aber von der Verfügung über die gemeinsamen Vermögensgegenstände ausgeschlossen werden[109]. Das kann geschehen, indem man die Regel über die Geschäftsfähigkeit ändert. Sie müßte außer der völligen Geschäftsunfähigkeit eine relative Geschäftsunfähigkeit vorsehen. Wer Mitinhaber von Vermögensgegenständen wird, indem er eine Aktie kauft, wäre für geschäftsunfähig in Bezug auf diese Gegenstände zu erklären, wenn er nicht gleichzeitig von den Mitaktionären zum Vertreter bestellt ist. Außerdem müßten die unvollständigen Rechtssätze, welche die Verfügung über Vermögensgegenstände regeln, eine weitere Bedingung für eine wirksame Verfügung nennen. Wer eine Erklärung abgibt, die eine Verfügung darstellt, dürfte nicht geschäftsunfähig in Bezug auf den Vermögensgegenstand sein, über den er verfügt. In ähnlicher Weise können die Aktionäre von der gerichtlichen Geltendmachung gemeinsamer Rechte ausgeschlossen werden.

Eine die Mitaktionäre bindende Erklärung kann ein Aktionär ohnehin nur abgeben, wenn er eine entsprechende Vertretungsmacht hat. Sie wäre von den gleichen Bedingungen abhängig zu machen, wie die der „Organe der AG"[110].

Außerdem müßte vorgesehen werden, daß die Aktionäre für Verbindlichkeiten, die ihre Vertreter eingehen, nur mit dem Vermögen haften, über das die Vertreter im Rahmen ihrer Vertretungsmacht verfügen können. Zu diesem Zweck kann man dem Urteilstenor von Leistungsurteilen eine zusätzliche Argumentstelle für die haftende Vermögensmasse geben. Wird auf Erfüllung einer Verbindlichkeit geklagt, die der Beklagte selbst oder ein von ihm nach den Vorschriften des BGB bestellter Vertreter eingegangen ist, so haftet mit geringfügigen Ausnahmen das gesamte Vermögen des Beklagten. Die Argumentstelle ist deshalb

---

[109] Selbst einstimmig dürfen sie nicht verfügen können.
[110] „Vorstand der AG" ist übrigens auch ein eingeschobener Term.

mit einer Formel zu besetzen, welche die haftenden Vermögensgegenstände des Beklagten generell kennzeichnet. Die Vermögensgegenstände
„einer AG", an denen der Beklagte Anteil hat, wären hier auszuschließen und stattdessen die durch die Aktie marktfähig gemachten Forde-
rungen aus der Beteiligung „an der AG" gegen die Mitgesellschafter
aufzunehmen. Wurde die Verbindlichkeit von einem Vertreter eingegangen, der von den Beklagten nach speziellen Vorschriften, die denen
des Aktiengesetzes entsprechen, zur Führung ihrer gemeinsamen Geschäfte bestellt war, so haftet nur die den Vertretenen im Rahmen ihres
Geschäfts gemeinsame Vermögensmasse. Die Argumentstelle ist also
mit einer Satzformel zu besetzen, welche diese Vermögensgegenstände
generell kennzeichnet. Da die Antecedentes der vollständigen Rechtssätze
auf die Person des Erklärenden und ggf. die Art der Vertretungsmacht
ohnehin Bezug nehmen, brauchen sie nicht geändert zu werden.

Die Beziehungen der Aktionäre untereinander müßten in Vorschriften
geregelt werden, die statt der „juristischen Person" die gemeinsamen
Vermögensgegenstände involvieren. Denn was nach dem Aktiengesetz
ein „Anspruch des Aktionärs gegen die AG" ist, (etwa der Anspruch auf
Zahlung der beschlossenen Dividende) müßte als ein Anspruch gegen die
Mitaktionäre formuliert werden und die Zwangsvollstreckung wegen
solcher Ansprüche auf das gemeinsame Vermögen beschränkt werden.

Nun sehen die Gesetze aber kein gemeinsames Vermögen der Aktionäre vor, sondern ein Vermögen einer „juristischen Person". Es wird
definiert wie das einer natürlichen Person. Angelpunkt der Definition
ist in diesem Fall aber nicht der Name einer natürlichen Person, sondern ein Zeichen, das die Eigenschaft haben muß, eine Individuenkonstante zu sein, die überall da substituiert werden darf, wo sonst Personennamen substituiert werden. Dieses Zeichen wird als der „Name
der juristischen Person" betrachtet. Der Gebrauch des Zeichens setzt
nicht voraus, daß es eine Interpretationsregel hat, die ihm eine, wenn
auch nicht reale, so doch „ideale" Person als Designatum zuweist.

In der Logik ist die Verwendung völlig uninterpretierter Individuenkonstanten bekannt. Für eine Variable, die durch einen Existenzquantor gebunden ist, kann keine normale Individuenkonstante substituiert
werden. Das wäre ein gehaltvermehrender Schluß. Man möchte aber
den Quantor entfernen, um Operationen nach den Regeln der Aus-
sagenlogik vornehmen zu können, die in seiner Anwesenheit nicht möglich sind. Deshalb ersetzt man die Variable, die er bindet, durch einen
unbestimmten Namen, nimmt die gewünschten Operationen vor und
entfernt anschließend den unbestimmten Namen durch eine Existenzial-
Generalisierung[111].

---

[111] *Suppes*, P.: Introduction to Logic, a.a.O., § 4.3. Restricted Inferences with
Existential Quantifiers.

Der „Name der juristischen Person" erhält auch durch die Eintragung ins Handelsregister kein Designatum. Er wird dadurch aber von anderen Zeichen mit der gleichen Funktion eindeutig unterschieden und kann deshalb dazu benutzt werden, den Umfang einer im Zeitablauf sich ändernden Vermögensmasse zu einem Zeitpunkt festzulegen. Das gleiche gilt für die Definition der Mengen der Vertreter und der Aktionäre, die sich ja ebenfalls ändern. Weil der „Name einer juristischen Person" von anderen gleichartigen Zeichen eindeutig unterschieden wird, kann man sagen, daß er durch die Gesetze, in denen er an bestimmten Stellen substituiert werden kann und die für die Anwendung dieser Gesetze relevanten singulären Sätze über die „Gründung der juristischen Person" indirekt interpretiert wird.

Da der Name einer juristischen Person ein Individuenzeichen ist, kann er nicht, wie z. B. das Prädikat „HE" durch eine aussagenlogische Operation eliminiert werden, denn er ist Bestandteil von Atomformeln, mit denen solche Operationen erst möglich sind. Trotzdem ist er völlig entbehrlich, allerdings um den Preis einer umständlicheren Formulierung des Gesetzes. Er erspart den Mehraufwand, der erforderlich wäre, um die Haftung der Aktionäre einzuschränken. Sie treten als Schuldner gar nicht mehr auf. Damit wird gleichzeitig — und zwar ausschließlich durch eine andere sprachliche Formulierung — ein Konflikt mit dem Gleichbehandlungsgrundsatz vermieden (oder zumindest verdeckt), der wegen der Privilegierung jener Schuldner, die Aktionäre sind, möglich wäre. Man spricht nicht von den Schulden der Aktionäre, sondern von denen einer fiktiven juristischen Person, die wie jeder Schuldner mit ihrem ganzen Vermögen haftet. Vielleicht ist die Verbreitung der, auch bei Verwendung des eingeschobenen Terms überflüssigen metaphysischen Hypostatierung der juristischen Person[112] nicht nur dadurch verursacht, daß Individuenzeichen dieser Art in der Umgangssprache nicht bekannt sind, sondern auch durch das Bedürfnis, einen offensichtlichen Konflikt mit einem sonst akzeptierten Rechtsgrundsatz zu vermeiden.

Mit Hilfe des Namens der juristischen Person (oder einfach der juristischen Person) läßt sich auch ausdrücken, daß die Aktionäre weder über das Vermögen verfügen, noch zum Vermögen gehörige Ansprüche einklagen können, ohne daß dazu Rechtssätze, wie die in den früheren Kapiteln angedeuteten, komplizierter reformuliert werden müßten[113].

---

[112] Der Annahme der Existenz einer juristischen Person, die das Designatum des im Handelsregister eingetragenen Namens ist.

[113] *Ross* sieht einen Anlaß der Diskussion über das „Wesen subjektiver Rechte" in dem Auseinanderfallen von Nutznießung, Verfügung und Klagemöglichkeit in bestimmten atypischen Fällen, von denen einer im kontinentaleuropäischen Recht mit „juristischen Personen" geregelt wird. Siehe: On Law and Justice, a.a.O., § 37. Application of the Concept of Rights in Non-Typical Situations.

Da die Aktionäre so nicht als Berechtigte erscheinen, scheidet ihre Verfügung und Klageerhebung aus. Auch die Beziehungen zwischen den Aktionären sind so einfacher zu regeln, denn sie involvieren statt einer Vielzahl wechselnder Vermögensgegenstände nur noch eine „juristische Person". Um die in den früheren Kapiteln behandelten Rechtsnormen auf juristische Personen anwenden zu können, müssen lediglich ihre Rechtsfähigkeit[114] und die Vertretungsmacht ihrer Vertreter gesondert geregelt werden. Beide Regelungen wären nach dem mehrfach benutzten Schema zu symbolisieren, nach dem mit Bedingungen für den Beginn und das Ende einer Relation deren Bestand definiert wird.

---

[114] Bei Verzicht auf die „juristische Person" wäre das Prädikat „Rechtsf" überflüssig gewesen. Die simple Regelung der Rechtsfähigkeit natürlicher Personen hätte durch entsprechende Charakterisierung einer Sorte der Individuenzeichen wiedergegeben werden können.

11. Der Staat

Als „Subjekt von Rechten und Pflichten" ist „der Staat" ein einge-schobenes Individuenzeichen, eine „juristische Person"[115]. Anders als bei den Körperschaften des öffentlichen und des Privatrechts sind Beginn und Ende der Rechtsfähigkeit eines Staates nicht durch Normen fest-gelegt, die zum Recht „eines Staates" gehören.

Als „Quelle des gesetzlichen Rechts" braucht „der Staat" auf der sprachlichen Ebene der Normen, die nicht selbst die Gesetzgebung re-geln, nicht vorzukommen, denn diese Normen können als Imperative ohne Imperator betrachtet werden.

Nicht nur „der Staat", sondern auch Bezeichnungen für Organisatio-nen, die der Gesetzgebung, Verwaltung oder Rechtsprechung dienen und als zum Staat gehörig gelten, haben den Charakter eingeschobener In-dividuenzeichen, so etwa „Parlament". Durch Wahlen, die den Normen der Verfassung entsprechen, wird ein Parlament gewählt. Wenn es wäh-rend der Legislaturperiode, oder jedenfalls vor seiner Auflösung, nach bestimmten Regeln Gesetze beschließt und weitere Bedingungen ... erfüllt sind, dann treten diese Gesetze in Kraft.

Die Normen der Verfassung über den Erlaß von Gesetzen sind Meta-regeln[116]. In Gestalt eines einzigen vollständigen, an die Richter adres-sierten Rechtssatzes formuliert, lauten sie: „Wenn ein Parlament ord-nungsgemäß gewählt ist und vor Beendigung der Legislaturperiode oder seiner sonstigen Auflösung das Gesetz G beschließt und die weite-ren Bedingungen ... für dessen Inkrafttreten erfüllt sind, dann ver-fahre, wie G es anordnet!"

Dieser vollständige Rechtssatz kann als Regel über die Kompetenz zur Gesetzgebung betrachtet werden[117]. Auf die Frage: „Wessen Kom-

---

[115] „Das Problem des Staates als einer juristischen Person, das heißt als handelndes Subjekt und Subjekt von Rechten und Pflichten, ist, im wesent-lichen, das gleiche Problem wie das der Körperschaft als juristische Person." *Kelsen:* Reine Rechtslehre, a.a.O., p. 293. Die Kapitel 10 und 11 dieser Arbeit fußen im wesentlichen auf den entsprechenden Kapiteln von Kelsens Reiner Rechtslehre.

[116] Fehlerhafte Reflexivität von Normen über die Ergänzung einer Verfas-sung läßt sich durch Wendungen der Art „Obey the authority instituted by art. *n*, until this authority itself points out a successor; then obey this authority, until itself points out a successor; and so on indefinitely." ver-meiden. *Alf Ross:* On Self-Reference and a Puzzle in Constitutional Law, Mind LXXVIII 1969, p. 1 - 24 (Zitat: p. 24).

[117] *Ross* unterscheidet „norms of competence" und „norms of conduct". On Law and Justice, a.a.O., p. 32.

petenz?" muß man dann aber unter Verwendung mindestens eines eingeschobenen Terms antworten, wenn man die Kompetenz nicht den an
der Gesetzgebung beteiligten natürlichen Personen zuschreiben will.

Andere Normen regeln die Kompetenzen nicht von Organisationen,
sondern von Individuen als Rollenträgern, etwa des Bundespräsidenten.
Diese Normen können in der gleichen Weise kodifiziert werden wie die
über die Vollmacht. Sie definieren dann unter Zwischenschaltung wei-
terer Definitionen mittelbar (s. o. (45), (43), (44)) Prädikate, welche die
Vornahme von Amtshandlungen, etwa der Unterzeichnung eines Gesetzes oder der Ernennung eines Ministers, ausdrücken und in den Antecedentes anderer Normen, z. B. der o. a. Anweisung an die Richter, zu
verfahren wie ein Gesetz es anordnet, vorkommen.

Wenn ein Amtsträger wegen der Unterlassung oder fehlerhaften
Ausführung von Amtshandlungen aus dem Amt entfernt werden kann,
sind die Vorschriften über die Beendigung seiner Amtszeit entsprechend
zu formulieren.

Normen, die Ersatzansprüche gegen den Fiskus wegen fehlerhafter
Amtshandlungen regeln, enthalten eingeschobene Terme sowohl im
Antecedens, als auch im Konsequens. Im Antecedens kommen Prädikate
vor, die ausdrücken, daß, wer die schuldhafte Handlung oder Unterlassung beging, Träger einer bestimmten Rolle war. Im Tenor der Urteilsanweisung kommt der Staat als Beklagter (als „Subjekt von Pflichten") vor.

Daß strafrechtliche Normen als an den Richter adressierte Imperative
formuliert werden können, wurde bereits angedeutet. Das gilt aber
auch für die Normen, welche die Vollstreckung zivil- oder strafrecht-
licher Urteile regeln. Liegt ein rechtskräftiges Urteil vor und vollstrek-
ken zuständige Beamte es pflichtwidrig nicht[118], so können sie, je nach
der Art der Pflichtverletzung, von Richtern bestraft oder von Vorge-
setzten gemaßregelt werden und gegen die Maßregelung steht ihnen
kein richterlicher Schutz zu. Die Normen über die Vollstreckung von
Urteilen können als Anweisungen an Richter, Vollstreckungsbeamte zu
bestrafen, bzw. als Bestandteile der Antecedentes von Normen, die
das richterliche Eingreifen in Dienstverhältnisse regeln, kodifiziert
werden.

Die Einleitung zu dieser Arbeit kann auch als Zusammenfassung
dienen.

---

[118] Die Pflichtwidrigkeit kann natürlich ohne Verwendung eines Terminus,
der sich irgendwie auf „eine Pflicht" bezieht, ausgedrückt werden.

Verzeichnis der in den Kapiteln 5 ff. benutzten Prädikate

Abn *ti, x, y, s* : z. Z. *ti* nimmt *x* dem *y* die Sache *s* ab.

Adr *y, (S)* : *y* ist der Adressat der Erklärung *S*.

AFE ti, x, y, s : z. Z. *ti* erhebt *x* Klage auf Feststellung des Eigentums des *y* an *s*.

AH ti, x, y, s, z : z. Z. *ti* stellt *x* den Antrag, *y* zur Herausgabe der Sache *s* an *z* zu verurteilen.

Anf *ti, x, (S)* z. Z. *ti* ficht *x* die Erklärung *S* an und er hat damit nicht schuldhaft gezögert.

Antr *ti, x, y, (S)* : z. Z. *ti* stellt *x* den Antrag, den *y* zur Leistung *S* zu verurteilen.

AUV tk, u, s', w, n : z. Z. *tk* beantragt *u* wegen des Verlustes des Eigentums an *s'* ein Urteil auf Vergütung in Geld nach den §§ 812 ff. in Höhe von *n* gegen *w*.

B *ti, y, s* : z. Z. *ti* ist *y* Besitzer der Sache *s*.

BW s : *s* ist beweglich.

EE ti, x, s : z. Z. *ti* erwirbt *x* Eigentum an *s*.

Erg Vertr *(Si, Sj)* : die Erklärungen *Si* und *Sj* ergänzen sich zu einem Vertrag.

Erkl *ti, x, y, (S)* : z. Z. *ti* gibt *x* gegenüber *y* die Erklärung *S* ab.

Erkl Vollm *ti, x, y, z, (S)* : z. Z. *ti* erklärt *x* gegenüber *y*, daß er *z* zur Abgabe der Erklärung *S* bevollmächtigt.

G ti, x, y, s : z. Z. *ti* übergibt *x* dem *y* die Sache *s*.

Gesch Unf *ti, x* : z. Z. *ti* ist *x* geschäftsunfähig.

Hat Einw *ti, x, (S)* : z. Z. *ti* hat *x* die Einwilligung seines gesetzlichen Vertreters zur Abgabe der Erklärung *S*.

Hat Vollm *ti, z, x, (S)* : z. Z. *ti* hat *z* die Vollmacht des *x* zur Abgabe der Erklärung *S*.

HE ti, x, s : z. Z. *ti* hat *x* Eigentum an der Sache *s*.

HS ti, w, s, s' : z. Z. *ti* stellt *w* die im Verkehrssinne neue Sache *s* u. a. aus dem Stoff *s'* her, indem er *s'* verarbeitet oder umbildet oder darauf schreibt, zeichnet oder malt oder *s'* bedruckt oder graviert oder die Oberfläche von *s'* in ähnlicher Weise bearbeitet.

Irrt *ti, x, (S)* : z. Z. *ti* ist *x* über den Inhalt der Erklärung *S* im Irrtum und es ist anzunehmen, daß er sie bei Kenntnis der Sachlage und verständiger Würdigung des Falles nicht abgegeben haben würde.

Kauf *z, y, w, x, s, n* ich, der *z*, will im Namen des *y* von *w*, der im Namen des *x* auftritt, die Sache *s* zum Preise von *n* kaufen.

Kennt Geh Vorb $ti, x, y, (S)$: z. Z. ti kennt x den geheimen Vorbehalt des y, das mit S Erklärte nicht zu wollen.

Kl $ti, (S)$: z. Z. ti wird eine Klage erhoben, die sich auf die Erklärung S stützt.

$M = \{s\}$: M ist die Menge, welche s als Element enthält.

$M' = \{s': HS\ ti, w, s, s'\}$: M' ist die Menge aller Stoffe s', aus denen w z. Z. ti die Sache s hergestellt hat.

Min ti, x : z. Z. ti ist x minderjährig.

Rechtsf ti, x : z. Z. ti ist x rechtsfähig.

U ti, x, y, s : z. Z. ti sind x und y einig, daß das Eigentum an s (von x auf y) übergehen soll.

$Unm\ (S)$: die Leistung S ist unmöglich.

!U $(HE\ ti, x, s)$: fälle das Urteil: „x hat z. Z. ti Eigentum an s."!

!U $(!Abn\ x, y, s)$: fälle das Urteil: „x nimm dem y die Sache s ab!"!

!U $(!H\ y, s, z)$: Fälle das Urteil: „y gib die Sache s an z heraus!"!

!U $(!Z\ w, u, n)$: fälle das Urteil: „w zahle dem u den Betrag n!"!

VE ti, x, s : z. Z. ti verliert x Eigentum an s.

Verk w, x, z, y, s, n : ich, der w, will im Namen des x dem z, der im Namen des y auftritt, die Sache s zum Preis von n verkaufen.

Vertr $ti, x, y, (S1, S2, S3, S4, S5, S6, S7, S8)$: z. Z. ti kommt zwischen x und y ein Vertrag zustande, dessen Inhalt durch die Erklärungen $S1$ und $S2$ oder ... oder $S7$ und $S8$ bestimmt wird.

$W\ (M', r)$: die Menge M' hat den Wert r.

WEE z, y, w, x, s : ich, der z, erkläre im Namen des y, von w, der im Namen des x auftritt, die Sache s erwerben zu wollen.

Wid Vollm $ti, x, y, z, (S)$: z. Z. ti widerruft x gegenüber y die Vollmacht des z zur Abgabe der Erklärung S.

$W\ddot{U}E\ w, x, z, y, s$: ich, der w, erkläre im Namen des x, dem z, der im Namen des y auftritt, die Sache s übereignen zu wollen.

Zahlt ti, x, y, n : z. Z. ti zahlt x dem y den Preis von n Geldeinheiten.

$th < ti$: th ist früher als ti.

$th \leq ti$: th ist früher als oder gleichzeitig mit ti.

$q << r$: q ist erheblich geringer als r.

Literatur

Albert, Hans: Ethik und Metaethik. Das Dilemma der analytischen Moralphilosophie, in: Archiv für Philosophie Bd. 11, 1961, pp. 28 - 63.

Allen, Layman E. und *Caldwell*, Mary Ellen: Modern Logic and Judical Decision Making. A Sketch of one View, in: Jurimetrics, Hans W. Baade ed., New York, London 1963.

Allen, Layman E.: Symbolic Logic: A Razor-Edged Tool for Drafting and Interpreting Legal Documents, in: Yale Law Journal 66, 1957, p. 833 ff.

Bourbaki, N.: Eléments de mathématique, Fascicule XVII, Théorie des ensembles, chap. 1, Description de la mathématique formelle, Paris 1966.

Brusiin, Otto: Das Deduktive im Juristischen Denken, Archiv für Rechts- und Sozialphilosophie (ARSP) 39, 1951, pp. 324 - 337.

Carnap, Rudolf: Einführung in die symbolische Logik, 2. Aufl., Wien 1960.

Dubislav, Walter: Zur Unbegründbarkeit der Forderungssätze, in: Theoria III (Lund) 1937, p. 330 - 342.

Engisch, Karl: Einführung in das juristische Denken, 2. Aufl., Stuttgart 1959.

Engisch, Karl: Logische Studien zur Gesetzesanwendung, 3. Aufl., Heidelberg 1963.

Hägerström, Axel: Är gällande rätt uttryk av vilja?, engl. Übersetzung: Is Positive Law an Expression of Will? in: A. Hägerström, Inquiries into the Nature of Law and Morals, ed. by Karl Olivecrona, Stockholm 1953.

Hägerström, Axel: Der römische Obligationsbegriff, 1927.

Hägerström, Axel: Till fragan om den gällande rättens begrepp, I. 1917, engl. Übersetzung: On the Question of the Notion of Law, in: Inquiries, a.a.O.

Hart, H. L. A.: The Concept of Law, Oxford 1961.

Hume, David: An Enquiry Concerning the Principles of Morals, ed. by L. A. Selby-Bigge, 2nd ed. Oxford 1946.

Kalinowski, Georges: Introduction à la logique juridique, Paris 1965.

Kantorowicz, Hermann: Some Rationalism about Realism, Yale Law Journal 43, 1933/34.

Kelsen, Hans: Reine Rechtslehre, 2. Aufl., Wien 1960.

Klug, Ulrich: Juristische Logik, 3. Aufl. Berlin, Heidelberg, New York 1966.

Larenz, Karl: Methodenlehre der Rechtswissenschaft, Berlin, Göttingen, Heidelberg 1960.

Lent-Jauernig: Zivilprozeßrecht, 10. Aufl. München u. Berlin 1961.

MacCallum Jr., Gerald C.: On Applying Rules, in: Theoria XXXII, 1966, pp. 196 - 210.

Miller, James C.: Two Examples of Syntactic Ambiguities in International Agreements, in: Modern Uses of Logic in Law (MULL), June 1962, pp. 72 - 77.

Montrose, J. L.: Syntactic (Formerly Amphibolous) Ambiguity, in: Modern Uses of Logic in Law (MULL) June 1962, pp. 65 - 71.

Olivecrona, Karl: Law as Fact, Kopenhagen u. London 1939.

Palandt: Bürgerliches Gesetzbuch, Kurzkommentar, 20. Aufl. München.

Perelman, Chaim: Logique formelle, logique juridique, in: Logique et Analyse III, 1960, pp. 226 - 230.

Quine, Willard van Orman: On What There Is, in: From a Logical Point of View, New York 1963.

Rescher, Nicholas: The Logic of Commands, London, New York 1966.

RGRK: Das Bürgerliche Gesetzbuch. Kommentar herausgegeben von Reichsgerichtsräten und Bundesrichtern, 11. Aufl., Bd. III, 1. Teil, Berlin 1959.

Ross, Alf: Definition in Legal Language, in: Logique et Analyse, I 1958, pp. 139 - 149.

Ross, Alf: Directives and Norms, London, New York 1968.

Ross, Alf: On Law and Justice, Berkeley & Los Angeles 1959.

Ross, Alf: On Self-Reference and a Puzzle in Constitutional Law, in: Mind LXXVIII 1969, pp. 1 - 24.

Ross, Alf: Tû - tû, in: Harvard Law Review, Vol. 70, No 5, March 1957, p. 812 - 825.

Scheuerle: Das Wesen des Wesens. Studien über das sogenannte Wesensargument im juristischen Begründen. In: Archiv für die civilistische Praxis. (AcP) 163, 1964, pp. 429 - 471.

Soergel-Siebert: Kommentar zum Bürgerlichen Gesetzbuch, Bd. 4, 10. Aufl., Stuttgart 1968.

Staudinger, J. v.: - - s Kommentar zum Bürgerlichen Gesetzbuch, 3. Bd., Sachenrecht, 1. Teil, 11. Aufl. Berlin 1956, 1. Bd., Allgemeiner Teil, 11. Aufl., Berlin 1957.

Suppes, Patrick: Introduction to Logic, Toronto, New York, London 1957.

Tammelo, Ilmar: Contemporary Developments of the Imperative Theory of Law: a Survey and Appraisal, in: ARSP XLIX, 1963, pp. 255 - 277.

Unden, Östen: Svensk sakrätt, I. Lös egendom, (Schwedisches Sachenrecht, I. Persönliches Eigentum) Lund 1927.

Waddel, Ward: Structure of Laws as Represented by Symbolic Methods, San Diego 1961.

Wedberg, Anders: Some Problems in the Logical Analysis of Legal Science, in: Theoria XVII 1951, pp. 246 - 275.

MIX
Papier aus verantwortungsvollen Quellen
Paper from responsible sources
FSC® C105338

Printed by Libri Plureos GmbH
in Hamburg, Germany